ULTRA
CORAJOSO

CARO LEITOR,

Queremos saber sua opinião sobre nossos livros.
Após a leitura, curta-nos no facebook.com/editoragentebr,
siga-nos no Twitter @EditoraGente
no Instagram @editoragente
e visite-nos no site www.editoragente.com.br.
Cadastre-se e contribua com sugestões, críticas ou elogios.

JOEL JOTA

ULTRA CORAJOSO

VERDADES INCONTESTÁVEIS PARA ALCANÇAR A ALTA PERFORMANCE PROFISSIONAL

Diretora
Rosely Boschini

Gerente Editorial
Rosângela Barbosa

Editora
Audrya de Oliveira

Editoria Júnior
Giulia Molina

Produção Gráfica
Fábio Esteves

Preparação
Malvina Tomaz

Capa
Thiago de Barros

Projeto Gráfico e Ilustrações de Miolo
Thiago de Barros

Diagramação
Futura e Vanessa Lima

Revisão
Algo Novo Editorial e Elisa Casotti

Impressão
Gráfica Rettec

Copyright © 2021 by Joel Jota
Todos os direitos desta edição
são reservados à Editora Gente.
Rua Original, 141/143 – Sumarezinho
São Paulo, SP – CEP 05435-050
Telefone: (11) 3670-2500
Site: www.editoragente.com.br
E-mail: gente@editoragente.com.br

Dados Internacionais de Catalogação na Publicação (CIP)
Angélica Ilacqua CRB-8/7057

Jota, Joel
  Ultracorajoso: verdades incontestáveis para alcançar a alta performance profissional/
Joel Jota. - São Paulo: Editora Gente, 2021.
  192 p.

ISBN   978-65-5544-171-0

1. Orientação profissional 2. Profissões - Desenvolvimento I. Título

21-4257   CDD 371.425

NOTA DA PUBLISHER

O trabalho ocupa grande parte da nossa vida adulta e, sem ele, não teríamos condições de nos mantermos em sociedade, certo? Mas o que fazer quando essa relação tão importante é fonte de frustrações, desgaste, estresse e infelicidade? Como lidar com o nosso dia ocupado majoritariamente por algo que nos deixa para baixo e com a sensação de que a profissão escolhida não nos permite viver os nossos sonhos?

O segredo, caro leitor, é ressignificar sua relação com a carreira e entender que, ao se desenvolver profissionalmente, você está ganhando liberdade pessoal. O processo exige coragem e determinação, e ninguém melhor para explicar como fazer isso e transformar essa relação de amor e ódio em conquista e realização do que o Joel Jota, autor best-seller da casa, cuja visão estratégica o permite estruturar sua carreira de maneira que ela trabalhe para ele e não o contrário! O sucesso é para os corajosos e chegou a hora de você assumir esse papel.

Venha com o mestre da alta performance aprender como transformar o seu trabalho na ferramenta definitiva que lhe ajudará a alcançar a vida que você tanto sonhou. Tenho certeza de que você sairá dessa leitura mais do que pronto para conquistar o mundo e, melhor ainda, **Ultracorajoso**! Aproveite ao máximo essa experiência!

Rosely Boschini – CEO e Publisher da Editora Gente

DEDICATÓRIA

DEDICO ESTE LIVRO À MINHA
ESPOSA, LALAS CIESLAK,
POR TER ME ENSINADO QUE
A VIDA É DE QUEM ARRISCA.

SUMÁRIO

INTRODUÇÃO

A CORAGEM O LEVARÁ LONGE, MAS A ULTRACORAGEM
O LEVARÁ PARA ALÉM DO IMAGINADO_____10

TALENTO

POR ONDE COMEÇAR?_____24
AMBIENTE DE PERFORMANCE_____28
OS PRINCÍPIOS DO TALENTO_____35
O SIGNIFICADO DE TALENTO PARA GRANDES PERSONALIDADES
DO MUNDO_____41
CONCEITO DE TALENTO_____48
AS CATEGORIAS DO TALENTO_____57
A COMPOSIÇÃO DO TALENTO_____78
COMO DEIXAR SEU TALENTO NO PONTO CERTO_____82
EVIDÊNCIAS DE UM TALENTO_____88
FLOW_____95
MAESTRIA_____104
DIFERENCIAL_____109

PROPÓSITO DEFINIDO

PROPÓSITO PARA GRANDES PERSONALIDADES DO MUNDO_____118

PRINCÍPIOS-CHAVE PARA TER UM PROPÓSITO DEFINIDO_____123

UM CAMINHO SEGURO_____130

O SISTEMA DO PROPÓSITO DEFINIDO_____132

DINHEIRO

PRINCÍPIOS SOBRE O DINHEIRO_____144

DINHEIRO PARA GRANDES PERSONALIDADES DO MUNDO_____147

O QUE O DINHEIRO É CAPAZ DE FAZER EM NOSSA VIDA_____153

PENTAGRAMA DA SEMEADURA_____163

AMBIENTE

O AMBIENTE PARA GRANDES PERSONALIDADES DO MUNDO_____172

PRINCÍPIOS SOBRE O AMBIENTE_____178

AS QUATRO ESFERAS DA SAÚDE_____182

SEJA UM PROFISSIONAL DE ALTA PERFORMANCE, VIVA UMA VIDA PLENA_____187

O VALOR INCALCULÁVEL DO SUCESSO_____190

A CORAGEM O LEVARÁ LONGE, MAS A ULTRACORAGEM O LEVARÁ PARA ALÉM DO IMAGINADO

INTRO

DUÇÃO

Uma coisa vai acontecer com você após ler este livro: você vai se tornar ultracorajoso! E isso vai mudar a sua vida.

Ao longo de toda a minha carreira, eu descobri que uma pessoa com coragem para executar o que for preciso todos os dias vale muito mais do que uma que tem direcionamento, mas não consegue se movimentar para sair do lugar.

Quem acompanha minhas redes sociais, meus treinamentos ou até mesmo quem leu meus livros, *100% presente* e *O sucesso é treinável*, também lançados pela Editora Gente, já percebeu que eu falo muito sobre a importância de se colocar em movimento. E neste livro quero mostrar o que você vai precisar para efetivamente se movimentar.

Para todos os processos em busca de resultado, existe uma lógica simples que deve ser seguida:

1. **É PRECISO TER UMA ESTRATÉGIA: sem ela você não sabe o que deseja alcançar, como é possível chegar lá, nem quais são os passos que precisará dar;**

2. **É PRECISO FAZER ACONTECER: não adianta ficar no mundo das ideias em vez de se jogar no mundo de verdade para realizar o que é necessário.**

Sem esses dois passos básicos, você nunca vai alcançar nada. Contudo, existe mais um fator nesse processo que poucos exploram: entre o passo 1 e o 2 existe o fator **coragem**, que é a combustão necessária para que você aplique a sua estratégia na vida real.

Certa vez, em um treino, um amigo me disse:

DUAS DAS COISAS MAIS IMPORTANTES DO TRIATLO SÃO: FÉ E CORAGEM. VOCÊ PRECISA DE FÉ PARA ACREDITAR QUE VAI CONSEGUIR E DE CORAGEM PARA NÃO DESISTIR ANTES DO TEMPO.

Em algum momento da vida, você vai precisar de **fé** para acreditar em si mesmo e de **coragem** para sustentar a sua trajetória até a linha de chegada. Contudo, se tiver a ultracoragem, você vai além de todos os limites que poderiam impedi-lo.

Neste livro, você vai receber um treinamento para se tornar uma pessoa ultracorajosa, transformando completamente as principais áreas da sua vida.

Quer descobrir como? "Bora" lá!

SE TIVER A ULTRACORAGEM, VOCÊ VAI ALÉM DE TODOS OS LIMITES QUE PODERIAM IMPEDI-LO.

E SE FOSSE DIFERENTE?

Observe os seus olhos no espelho e reflita sobre a sua vida atualmente. Ela é satisfatória? Você pode me responder: "Ah, está tudo bem, Joel", quando, na verdade, tudo está desmoronando. Ou então: "Está uma porcaria", enquanto come pipoca e assiste de camarote à sua vida andar sozinha por um caminho sem saída aparente. Também existe a possibilidade de você estar feliz com a sua realidade, e aqui eu quero deixar meus parabéns, pois você é uma das poucas pessoas que vivem assim. No entanto, em todos os casos, sempre é possível melhorar, caso contrário você não teria procurado esta obra.

A questão aqui é que muitas pessoas são infelizes em algum âmbito da vida: relacionamentos, filhos, finanças, saúde, educação... sempre há algum prato que não está girando corretamente, quando o ideal é conseguir carregar tudo isso com leveza, habilidade e maestria. Entretanto, o que às vezes não é possível enxergar é que tudo isso está conectado por um fio muito importante: o seu desempenho profissional.

Se existe uma certeza é a de que a vida adulta depende **MUITO** de nosso trabalho. Em grande parte do dia, estamos trabalhando, e é o fruto do que fazemos que nos garante a alimentação diária, uma casa aconchegante, os estudos dos filhos, os bens materiais e até mesmo a facilitação para realizar alguns sonhos.

Assim, como podemos deixar que a nossa vida profissional destrua tudo isso que tentamos construir por meio dela? Afinal, um profissional infeliz adoece, não recebe a grana que merece, não aproveita os momentos em família, nem consegue se desenvolver ou crescer. Quem nunca se levantou da cama pensando: *Droga, preciso trabalhar de novo!*, quando o sentimento deveria ser: *Que alegria, tenho mais um dia para construir o que desejo!*?

Isso acontece porque poucas são as pessoas efetivamente preparadas para lidar com o mundo profissional como uma área importante de sua jornada. Veja, a sociedade nos ensina desde cedo

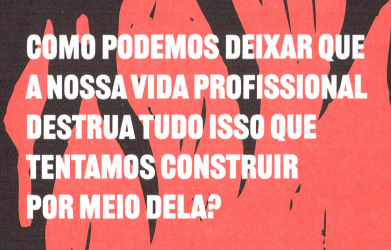

COMO PODEMOS DEIXAR QUE A NOSSA VIDA PROFISSIONAL DESTRUA TUDO ISSO QUE TENTAMOS CONSTRUIR POR MEIO DELA?

que trabalhar é chato, desgastante, necessário para pagar os boletos e sobreviver ao mês. Sim! É realmente tudo isso, mas não para por aí. Além dos desafios de conquistar um espaço em uma área do mercado, de se desenvolver dentro de uma especialidade e de lidar com pessoas que nos desafiam e cobram constantemente, o nosso trabalho pode nos possibilitar crescimento positivo, que vai nos garantir uma vida adulta satisfatória, feliz e gostosa de viver.

É comum surgirem diversas dúvidas ao longo de nossa jornada profissional. Ela será desafiadora, e quem fala o contrário está mentindo para você. No entanto, em vez de travarmos diante desses obstáculos, podemos ter outra postura: a de questionamento. Em particular, gosto de começar meus questionamentos com: "E se...?".

- **E se eu fizesse dessa forma?**

- **E se fosse em outro lugar?**

- **E se fosse com outro formato?**

- **E se eu fizesse isso com outra equipe?**

- **E se eu fizesse em outro sistema?**

Eu descobri que "E se..." é um questionamento poderoso, que pode fazer você parar de correr em círculos e finalmente seguir em frente. Este próprio material surgiu dessa linha de raciocínio. Eu pensei: *E se os profissionais tivessem outra relação com suas carreiras?, E se a vida se tornasse mais do que colocar o pão na mesa?*.

Eu sei, você sabe, todos sabem como é difícil manter todos os pratos no lugar quando chegamos em casa desmotivados, ou quando precisamos trabalhar até de madrugada e não conseguimos ajudar nossos filhos com a lição de casa, por exemplo. O cônjuge reclama de sua ausência, os amigos dizem que você não consegue relaxar e tudo o que você procura é uma forma de escape: cigarro,

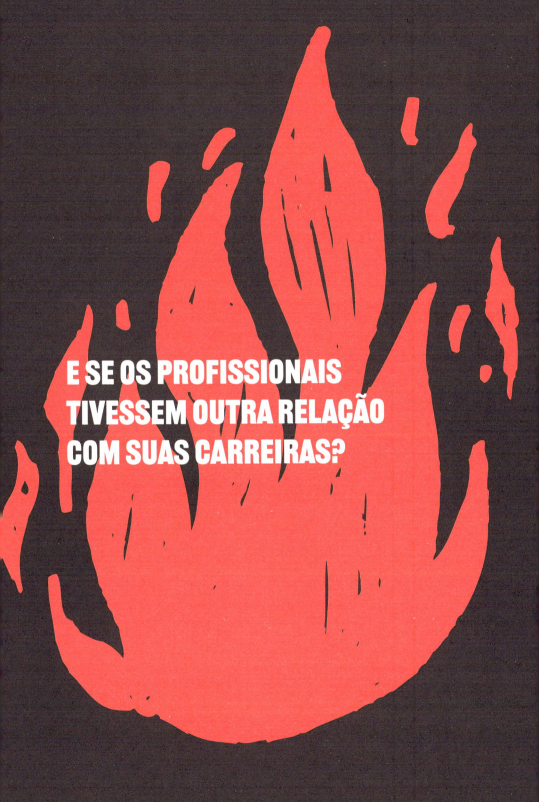

E SE EU FIZESSE DESSA FORMA...

SE EU FIZESSE NESSE LUGAR...

E SE EU FIZESSE NESSE FORMATO...

E SE EU FIZESSE COM ESSAS PESSOAS...

SE EU FIZESSE NAQUELE SISTEMA...

bebida, sexo, TV, comida... Entretanto, chegam outros males com essa situação: doenças silenciosas como depressão, TOC, ansiedade, pânico.

Assim, para que você não entre nesse caminho, ou para que saia dele, nas próximas páginas eu vou mostrar como é possível desenvolver uma relação mais saudável, inteligente e eficiente com a sua vida profissional.

A minha missão aqui não é apenas simplificar a sua vida, porque ela nunca vai ser assim tão simples, mas entregar um método que o ajudará a ter maior certeza de suas ações, maior controle de seu tempo, melhor visão de seu desenvolvimento e, também importante, maior poder aquisitivo.

Desse modo, vou mostrar como você pode se desenvolver nos quatro principais setores que envolvem o sucesso profissional e que vão ajudá-lo a construir a vida que deseja: **talento, propósito, dinheiro, ambiente**.

1

TAL

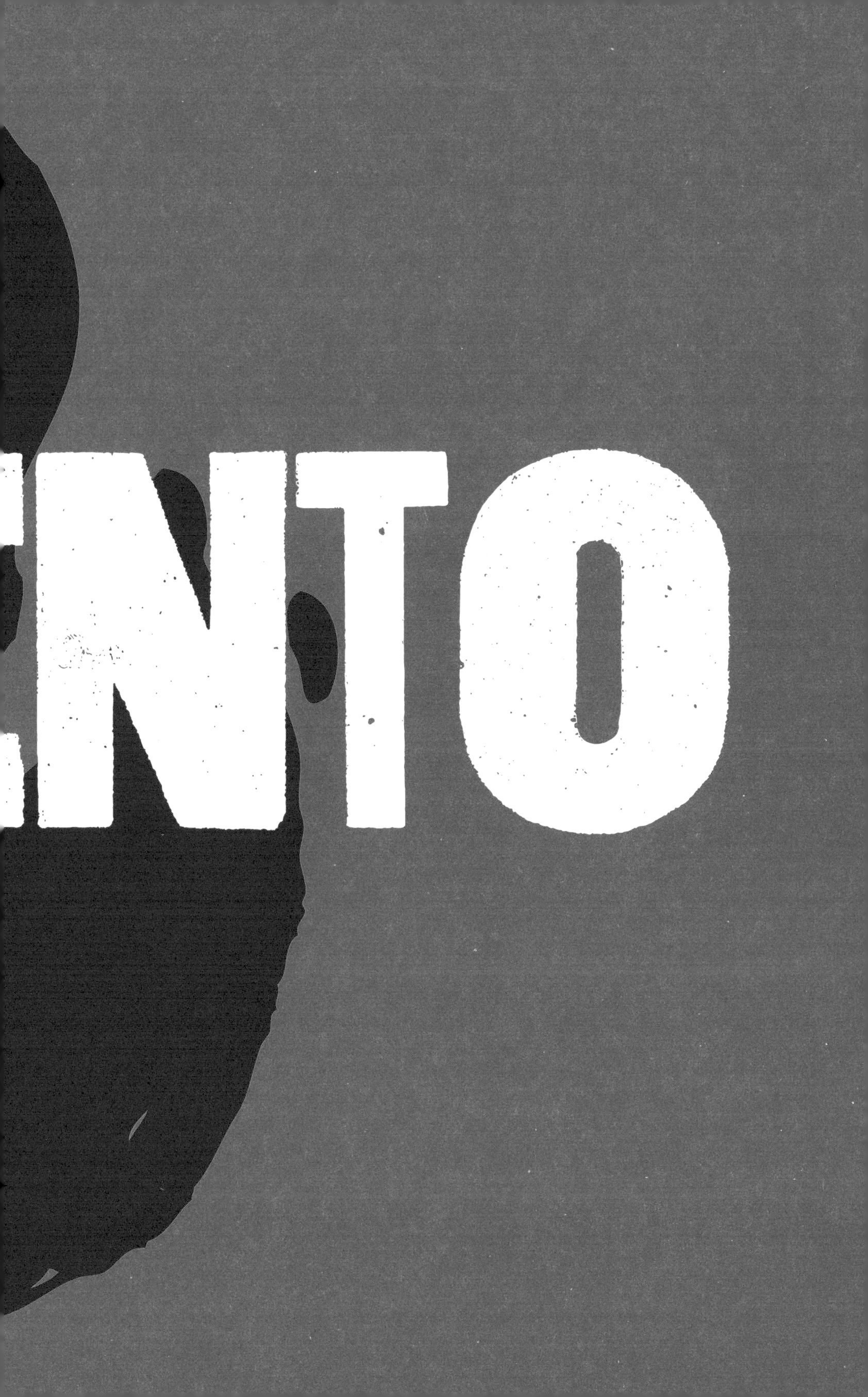
NTO

POR ONDE COMEÇAR?

O FATO DE VOCÊ NÃO TER VISTO NÃO QUER DIZER QUE ALGO NÃO EXISTA.

Para mim, estudar é extremamente importante. Você é o que se desenvolve para ser, então é preciso se alimentar de muito conhecimento para se capacitar naquilo que deseja construir. Assim, costumo me aprofundar bastante nos meus estudos e, em todos esses anos, nunca ouvi nenhum treinador, professor ou palestrante falar:

"NUNCA COMECE PELO PROPÓSITO."

Ter o propósito como primeiro passo parece uma receita de bolo: primeiro misture os secos, depois os líquidos. É como se faltasse coragem para refutar essa ordem. No entanto, quem vai para a cozinha sabe que, às vezes, é preciso mudar as coisas para se tornar diferente da média.

Eu me qualifico como uma pessoa ultracorajosa. Em toda a minha vida, me preparei para ir além de onde os outros vão e me destacar. Por isso, formatei meu próprio método, o validei e substanciei e transformei a famosa frase "Comece pelo propósito" em: "Não comece pelo propósito, comece pelo talento".

VOCÊ É O QUE SE DESENVOLVE PARA SER, ENTÃO É PRECISO SE ALIMENTAR DE MUITO CONHECIMENTO PARA SE CAPACITAR NAQUILO QUE DESEJA CONSTRUIR.

Por quê? Bom, hoje muito se fala sobre propósito, principalmente nas redes sociais, mas como seria possível alguém definir um propósito quando ainda não se conhece? Desenvolver o talento é de suma importância para a carreira, afinal, todos temos habilidades inatas à nossa pessoa. Contudo, às vezes, por serem tão naturais, essas habilidades acabam ficando em segundo plano.

Ao longo de nosso desenvolvimento, acabamos nos espelhando no que os outros esperam de nós e apagamos a nossa autenticidade, aquele brilho que nos ilumina no meio da multidão. São essas facilidades, enterradas em nosso interior, que não apenas nos ajudarão a definir um propósito mais adequado a quem de fato somos, como também garantirão a construção de um futuro que efetivamente traga maior significado para nós, e não o futuro que as pessoas consideram ideal.

Perceba quem você é: o tipo de pessoa que é, se é divertido ou não, se consegue ser disciplinado ou não, se gosta de estar rodeado de pessoas ou não, os estilos de música com os quais se identifica, o que gosta de fazer como lazer etc.

A partir do despertar do seu talento, você será capaz de viver quem realmente é, além das expectativas alheias. Você livrará sua mente das opiniões, dos julgamentos, dos preconceitos, e entenderá o que realmente deseja construir neste mundo.

E me permita afirmar uma coisa: não existe felicidade maior do que ser uma pessoa genuína.

NÃO EXISTE FELICIDADE MAIOR DO QUE SER UMA PESSOA GENUÍNA.

AMBIENTE DE PERFORMANCE

VOCÊ CRIA O AMBIENTE POR MEIO DOS SEUS PENSAMENTOS.

Você já deve ter se deparado com ambientes que estimulam o seu crescimento e outros que consomem a sua energia. Um ambiente de alta performance tem um tipo de comportamento, uma assinatura, um idioma próprio que poderá impactar diretamente seu talento, fazendo-o vir à tona.

Esse idioma eu chamo de ATT e significa: aluno, treinador, treino.

ALUNO

TREINADOR

TREINO

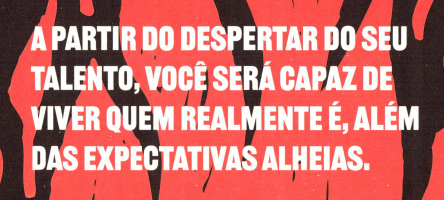

A PARTIR DO DESPERTAR DO SEU TALENTO, VOCÊ SERÁ CAPAZ DE VIVER QUEM REALMENTE É, ALÉM DAS EXPECTATIVAS ALHEIAS.

> **FORMATEI O ATT HÁ PELO MENOS DUAS DÉCADAS, E ELE FOI CONSTRUÍDO COM EXPERIÊNCIA, RESULTADOS, FRACASSOS, VITÓRIAS, MURROS EM PONTA DE FACA, COISAS ERRADAS E CERTAS, VISUALIZAÇÃO DE PESSOAS, PESQUISAS E ESTUDOS, MUITAS HORAS E MUITOS LIVROS.**

Foi por meio desse método que aprendi o idioma do dinheiro, por exemplo. O engraçado é que, para isso, precisei fazer uma reflexão muito bacana: para aprender sobre dinheiro, você não precisa focar no dinheiro.

A questão é que, o tempo todo, eu fico no modo aprendizado, como aluno, e isso me traz muitas riquezas. Geralmente as pessoas me perguntam: "Joel, quantos livros você já leu?". Confesso que não tenho ideia, até porque essa é uma métrica que não me interessa. O que posso dizer é que são, em média, seis livros por mês, todos os meses, nos últimos dez anos.

A verdade é que todo o meu conhecimento não vem só dos livros. Também vejo muitos vídeos, filmes, TEDx, aulas... Aprendi a treinar bicicleta assistindo a documentários. Cada momento é uma oportunidade de aprender, todo instante é uma aula: uma conversa, uma reunião, um áudio de WhatsApp. Eu mantenho minha mente concentrada em absorver tudo o que for interessante e informativo, estou 100% presente em todos os momentos.

> **O QUE TRAGO AQUI É O EXTRATO DE UMA VIDA. CONSEGUI DEIXÁ-LO PEDAGÓGICO E METODOLÓGICO, CONSEGUI DEIXÁ-LO SIMPLES PARA QUE OUTRAS PESSOAS POSSAM REPLICAR O QUE EU APRENDI.**

Hoje entendo profundamente o que é talento, porque vivi com pessoas talentosas; vi o talento na minha frente; convivi com as melhores pessoas do planeta no que fazem ou fizeram. E essas pessoas não são um homem ou uma mulher comuns. Não são alguém que criou uma conta no Instagram e compartilha frases e faz sucesso (não que isso seja ruim). Tenho convivido com pessoas como o Bernardinho (campeão olímpico mais de uma vez, medalhista olímpico como atleta, medalhista olímpico como treinador em mais edições) e outros medalhistas olímpicos ou recordistas e campeões mundiais. Os melhores da Terra.

Tudo o que coletei veio de experiências reais diretamente da fonte, e quando digo "**Não comece pelo propósito**", é porque justamente aprendi com essas pessoas que o talento importa, e muito.

Criar esse ambiente em que você se posicione como aluno diante de todo treinador que encontrar (em livros, em filmes, na vida real) vai auxiliar muito no despertar do seu talento por meio da prática do que foi aprendido. Foi assim que eu fiz, e é assim que você também pode fazer.

Trabalhei durante quatro anos com o Neymar e posso dizer: trabalhar com os melhores do mundo não tem preço. Uma vez, conversando com o Neymar pai, eu lhe disse: "Tenho uma boa e uma má notícia!". Ele respondeu: "Qual é a boa?". Então, eu falei: "A boa é que o Instituto aqui é o maior, não tem nada igual a ele, tão complexo, tão completo, tão grandioso". E ele perguntou: "E a má notícia?". Eu respondi: "Não existe referência alguma. Eu não tenho livro, não tenho artigo, não tenho congresso para pegar uma referência". Ele prosseguiu: "**Então seja a referência!**".

Esta foi a primeira coisa que aprendi com ele: seja você a referência! Estava na hora de eu parar de ouvir e começar a produzir algo que fosse meu, único, meu marco zero como treinador, depois de ter passado pelo processo de aluno e treino.

Se eu não tivesse entendido esse conselho, ainda estaria parado no mesmo lugar. Mas por que dei ouvidos a ele? Porque ele era o "cara" que estava fazendo uma transição agressiva na carreira do filho no mundo extremamente competitivo do futebol. E ele sabia do que estava falando.

Não escute conselhos de quem nunca construiu nada. Não escute, pois não há nada que servirá para você. Algumas pessoas apenas acham que não é a hora certa para você, mas não sabem dizer por quê. Essas são as pessoas que você precisa ignorar. Todavia, quando alguém souber guiar você, pare e aprenda.

A vida é feita de tentativas, erros e acertos. O importante é que isso ocorra com as suas próprias convicções, com base no que você absorveu de valioso e processou com o próprio olhar. A vida acontece agora, então esteja concentrado no presente. Porque, se não for agora, não será nunca.

Não quero que você pense como eu penso, mas sim como você pensa. Aqui, só vou trazer várias reflexões para encorajá-lo, para colocar lenha na fogueira. A reflexão, porém, será totalmente sua.

Portanto, a partir de agora, mantenha-se no perfil de aluno. Eu sou o treinador. Ao fim da leitura, você partirá para o treino, com o seu pensamento, no ambiente de performance ideal para você.

NÃO ESCUTE CONSELHOS DE QUEM NUNCA CONSTRUIU NADA.

OS PRINCÍPIOS DO TALENTO

Quando falamos sobre talento, existem quatro princípios importantes a serem considerados:

1. **O esforço vence o talento quando o talento não se esforça;**

2. **O que lapida o talento é a disciplina;**

3. **A iniciativa é a faísca do talento;**

4. **Não comece pelo porquê, comece pelo talento.**

E a seguir vamos falar brevemente sobre cada um deles.

1. O ESFORÇO VENCE O TALENTO QUANDO O TALENTO NÃO SE ESFORÇA

Se você acredita que o esforçado ganha do talentoso, esqueça. Isso acontece apenas em uma circunstância: quando o talentoso não se esforça. A pessoa que conhece o próprio talento e tem disciplina, diligência, determinação e foco, é imparável.

Muitas pessoas afirmam que o esforço é mais importante do que o talento. Contudo, observe a semântica: dizer que o esforço é mais importante do que o talento não significa que o talento não seja importante, mas sim que é preciso se esforçar com ou sem talento.

Portanto, se você tem um talento, se tem algo que faz bem, mas não faz nada com isso, você é um tolo. Está desperdiçando o que você tem de maior valor. O talento é um presente, e lapidá-lo é sua obrigação.

2. O QUE LAPIDA O TALENTO É A DISCIPLINA

Muitas pessoas fogem da disciplina por considerá-la maçante, difícil e desinteressante. No entanto, isso somente acontecerá se você não compreender que a disciplina auxilia na criação de novas rotinas, novos hábitos, no desenvolvimento de habilidades e de tudo que precisa ser inserido na vida.

Disciplina é treino. Há pessoas que têm mais facilidade para serem disciplinadas e outras que têm mais facilidade para serem focadas. Contudo, o mais importante é que você pode desenvolver a disciplina, basta começar a mudar a sua postura em relação a ela.

3. A INICIATIVA É A FAÍSCA DO TALENTO

Se você não sabe qual é o seu talento, nem sabe o que fazer, precisa começar a **AGIR** agora. Imagine que você tenha o melhor carro do ano, mas não tem carteira de habilitação. De que adianta ter aquele motor potente dentro da garagem, enferrujando? A primeira atitude, nesse caso, seria buscar uma autoescola próxima de você, realizar uma pesquisa de valores, fazer sua matrícula... Entende como não é ligar o carro e pisar no acelerador, mas sim iniciar uma jornada em prol do que você busca?

Ter iniciativa sempre será a faísca que vai iluminar as tochas pelo caminho que você deseja seguir. Então, sacuda a poeira e levante-se.

O TALENTO É UM PRESENTE, E LAPIDÁ-LO É SUA OBRIGAÇÃO.

4. NÃO COMECE PELO PORQUÊ, COMECE PELO TALENTO

"Tenho o meu jeito, não imito nem tento parecer ninguém" é uma frase do Neymar. Quem fala assim bota fé no talento que tem. É alguém que diz: "Vou lá jogar, pois é isso que sei fazer de melhor". Não veremos o Neymar escrevendo um livro, porque alguém escreve para ele; nem veremos o Neymar fazendo palestras, apesar de que, caso queiram ouvir sobre a história dele, seria inspiradora. O negócio do Neymar é jogar bola. Não quero julgar o que ele faz ou não faz fora de campo. É inegável que ele é talentoso, que joga muito, e isso porque colocou fé em seu talento, acreditou em si e treinou muito para se tornar o melhor naquilo que tinha talento para fazer.

DISCIPLINA É TREINO.

TER INICIATIVA SEMPRE SERÁ A FAÍSCA QUE VAI ILUMINAR AS TOCHAS PELO CAMINHO QUE VOCÊ DESEJA SEGUIR.

O SIGNIFICADO DE TALENTO PARA GRANDES PERSONALIDADES DO MUNDO

O ser humano é muito talentoso. Somos testemunhas de uma gigantesca história mundial lapidada pelo talento daqueles que se dedicaram a se tornar os melhores em suas áreas. Alguns mais famosos que outros, mas todos foram grandes personalidades de alto impacto não apenas regional, mas também mundial.

Em todas as partes deste livro, você será iluminado pelos pensamentos desses grandes mestres, para se apaixonar pela visão deles. Ah, e aqui fica a dica mais preciosa: se você se sentir tocado por alguma dessas frases, anote-a, faça uma pesquisa sobre quem a falou, descubra como aquela pessoa pensava e se aprofunde. Isso também faz parte do treinamento.

TODOS NÓS TEMOS TALENTOS DIFERENTES, MAS TODOS NÓS GOSTARÍAMOS DE TER IGUAIS OPORTUNIDADES PARA DESENVOLVER OS NOSSOS TALENTOS.

JOHN FITZGERALD KENNEDY

TODO MUNDO TEM UM TALENTO. O QUE É RARO É A CORAGEM DE SEGUIR O TALENTO PARA O LUGAR ESCURO AONDE ELE LEVA.

ERICA JONG

NÃO É SUFICIENTE TER UMA BOA MENTE: O PRINCIPAL É USÁ-LA BEM.

RENÉ DESCARTES

O MUNDO ESTÁ NAS MÃOS DAQUELES QUE TÊM CORAGEM DE VIVER SEUS SONHOS, CADA QUAL COM O SEU TALENTO.

PAULO COELHO

QUEM TIVER TALENTO OBTERÁ O ÊXITO NA MEDIDA QUE LHE CORRESPONDA. PORÉM, APENAS SE PERSISTIR NAQUILO QUE FAZ.

ISAAC ASIMOV

TALENTO É 1% INSPIRAÇÃO E 99% TRANSPIRAÇÃO.

THOMAS ALVA EDISON

QUANDO EU ESTIVER DIANTE DE DEUS, NO FIM DA VIDA, ESPERO NÃO TER MAIS NENHUM PINGO DE TALENTO, PARA DIZER: "USEI TUDO O QUE ME DEU".

ERMA BOMBECK

DEIXE QUE CADA UM EXERCITE A ARTE QUE CONHECE.

ARISTÓTELES

TRABALHE ENQUANTO VOCÊ É ILUMINADO. VOCÊ É RESPONSÁVEL PELO TALENTO QUE FOI CONFIADO A VOCÊ.

HENRI-FRÉDÉRIC AMIEL

TODO MUNDO TEM TALENTO, É SÓ UMA QUESTÃO DE SE MOVER ATÉ VOCÊ DESCOBRIR O SEU.

GEORGE LUCAS

QUALQUER SER HUMANO, EM QUALQUER PARTE DO MUNDO, VAI FLORESCER EM SEUS TALENTOS E CAPACIDADES INESPERADAS, SIMPLESMENTE POR LHE SER DADA A OPORTUNIDADE DE FAZÊ-LO.

DORIS MAY LESSING

NÃO TEM OUTRA FÓRMULA PARA AS COISAS ACONTECEREM BEM, SE NÃO FOR COM MUITA DEDICAÇÃO E UMA DOSE DE TALENTO.

BERNARDINHO

UM HOMEM LIVRE É AQUELE QUE, TENDO FORÇA E TALENTO PARA FAZER UMA COISA, NÃO ENCONTRA BARREIRAS À SUA VONTADE.

THOMAS HOBBES

AS PESSOAS FREQUENTEMENTE ME DIZEM QUE SOU UM SORTUDO. A SORTE SÓ É IMPORTANTE PARA CONSEGUIR A OPORTUNIDADE DE MOSTRÁ-LA NO MOMENTO CERTO, DEPOIS DISSO, TEM QUE TER O TALENTO E SABER COMO É QUE SE DEVE USÁ-LO.

FRANK SINATRA

PARA TER TALENTO, É NECESSÁRIO ESTARMOS CONVENCIDOS DE QUE O TEMOS.

GUSTAVE FLAUBERT

HÁ UMA FONTE DA JUVENTUDE: É SUA MENTE, SEU TALENTO.

SOPHIA LOREN

TALENTO E MAGNETISMO NÃO SE COMPRAM NA ESQUINA.

FAUSTÃO

NÃO EXISTEM GRANDES TALENTOS SEM GRANDE VONTADE.

HONORÉ DE BALZAC

TENHO MEU JEITO, NÃO IMITO NEM TENTO PARECER NINGUÉM.

NEYMAR

CONCEITO DE TALENTO

Uma coisa é certa: todas as pessoas têm talento. Quem não conhece alguém que cozinha superbem, enquanto outro colega mal sabe fazer miojo? Tudo depende de como expressamos e desenvolvemos nossas habilidades.

Existem dois tipos de talento: o natural e o adquirido.

O talento natural é uma predisposição, é algo notado desde a infância, que aparece rapidamente no desenvolvimento do indivíduo e é realizado com maior facilidade por este do que por outros. Já o **talento adquirido** é algo que surge no decorrer da vida. Ele é muito comum entre pessoas de 30 a 40 anos, pois é algo que surge com a repetição de tarefas executadas ao longo de anos e que foram sendo desenvolvidas, aprimoradas e destacadas.

Meu irmão Marcel, quatro anos mais novo que eu, quando tinha 5 anos disse para o nosso pai: "Esta é a minha casa, vou morar aqui". E desenhou uma casa num papel. Hoje, o Marcel é um designer gráfico valorizado no seu segmento. Antes, porém, trabalhou durante muito tempo em um banco e nunca foi feliz. Depois que começou a desenvolver o seu talento, no entanto, passou a trabalhar com aquilo que realmente nasceu para fazer.

Quando decidi me aprofundar a respeito do talento e sobre o que a ciência explica acerca dessa questão, encontrei um estudo

UMA COISA É CERTA: TODAS AS PESSOAS TÊM TALENTO.

muito robusto do Instituto Gallup fundamentado na Psicologia dos Pontos Fortes. Os pesquisadores mapearam mais de 2 milhões de pessoas e entenderam que

> o talento é qualquer padrão recorrente de pensamento, comportamento ou sensação que aparece naturalmente. São aptidões naturais que nos fazem agir de determinada maneira frente às situações do dia a dia.[1]

Nesse sentido, é possível entender que uma pessoa pode nascer com o talento natural para cantar e desenvolvê-lo durante a vida – ou não –, assim como outra pessoa pode escolher se tornar jogadora de vôlei profissional e treinar o suficiente para transformar a sua vontade em um talento adquirido por meio de dedicação e disciplina.

Assim, o que você nunca poderá afirmar é que não tem nenhum talento, pois tudo é questão de se empenhar o suficiente para aprimorar o que já existe dentro de você ou para desenvolver o que deseja.

OS COMPONENTES DO TALENTO

Manifestar o talento é uma tarefa que demanda muita dedicação e vontade de sua parte. A seguir, separei quatro aspectos que auxiliam muito e são essenciais nesse processo:

1. FISIOLOGIA

A mente, o modo como pensamos, o nosso código genético, as predisposições dos genes, o corpo físico e o mental: tudo isso é **fisiologia**. A fisiologia é muito importante para fazer o nosso talento aparecer.

Meu filho João, por exemplo, tem um talento, mas nós ainda não sabemos qual é. A nossa única obrigação, como pais, é oferecer experiências para ele se apaixonar, entender e perceber o que faz bem. Experiências sensoriais, emocionais, espirituais, cognitivas, que toquem a fisiologia dele e tragam à tona o que ele pode fazer de melhor.

---

1 BUCKINHAM, M. *Descubra seus pontos fortes*. Rio de Janeiro: Sextante, 2017.

2. AMBIENTE DE CRESCIMENTO

A segunda coisa importante no talento é o **ambiente de cresci-mento**. O João precisa estar em um ambiente de crescimento que faça o talento dele se manifestar. Caso contrário, ele pode fazer o processo inverso e esconder o talento em seu interior, sem sequer conhecê-lo.

Você pode estimular o ambiente para que seja propício ao desenvolvimento. No caso do João, é meu dever de pai fazer isso por ele. Como adulto, é sua obrigação fazer isso por você.

3. TEMPO

O terceiro componente do talento é o **tempo**. É preciso tempo para amadurecer. Nada acontece do dia para a noite, então é essencial exercitar a paciência, respirar fundo e acreditar que vai acontecer.

4. IGNIÇÃO

O quarto componente é a **ignição**. É preciso haver um disparo, uma faísca, um gatilho para a ação do seu talento, porque ele não vai se mostrar sozinho. Faça acontecer!

Se você tem as quatro esferas do corpo físico (emocional, mental, espiritual e cognitivo) envolvidas, um lugar que favoreça o crescimento do DNA e tempo a seu favor, dê chance ao hábito.

Você tem os motivos para a ignição. Se quer ser um escritor, existem livros; se quer ser atleta, existem esportes; se quer ser pales-trante, existem palcos. É tudo questão de se movimentar.

Descubra o que desperta a faísca dentro de você e trabalhe nesses quatro aspectos para se desenvolver.

O PONTO IDEAL PARA O SEU TALENTO

Além dos aspectos abordados anteriormente, existe um ponto ideal para que o seu talento venha à luz: um aprendizado de alta velo-cidade, que só ocorre quando você tenta uma vez, não alcança o resultado esperado e tenta novamente. Essa repetição faz com que você assimile o que está certo e o que não funciona e analise quais caminhos pode tomar para evitar futuros erros.

Ao ajustar essa rota, você cria novas conexões mentais que o colocam em um estado de aprendizado rápido, e isso garante o ponto ideal para a manifestação do seu talento.

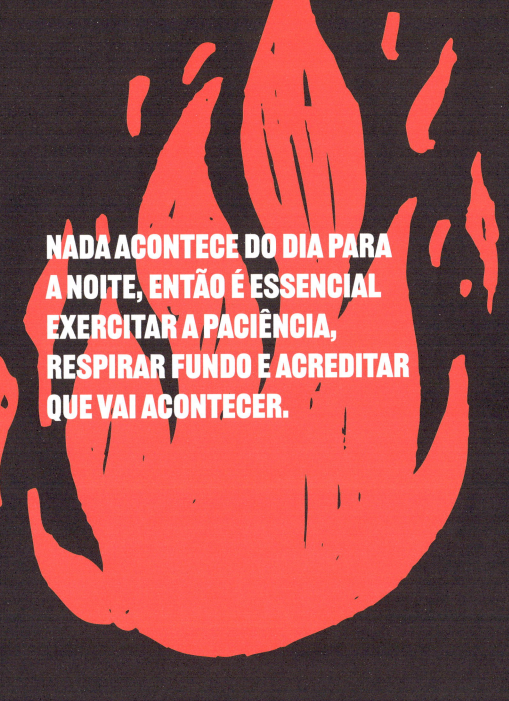

NADA ACONTECE DO DIA PARA A NOITE, ENTÃO É ESSENCIAL EXERCITAR A PACIÊNCIA, RESPIRAR FUNDO E ACREDITAR QUE VAI ACONTECER.

DESCUBRA O QUE DESPERTA A FAÍSCA DENTRO DE VOCÊ.

AS CATEGORIAS DO TALENTO

Ainda segundo Buckinham, existem quatro categorias de talentos:

- **Construção de relacionamentos;**

- **Pensamento estratégico;**

- **Influência;**

- **Execução.**

Nessas quatro macro áreas, a primeira define aquelas pessoas que têm facilidade para gerar conexões, são aquelas com uma personalidade atraente e, segundo Napoleon Hill em *As 16 leis do sucesso*,[2] o tipo de pessoa que mais tem sucesso. Já a segunda área representa aquelas pessoas com um olhar afiado para análise de riscos e criação de estratégias; a terceira carrega o perfil do líder, do treinador e do comunicador, ou seja, toda pessoa que tem o poder de influenciar outras a partir da própria expressão; e a quarta área se refere ao executor, aquele sujeito que coloca a mão na massa e faz as coisas acontecerem.

---

2 HILL, N. *As 16 leis do sucesso*. São Paulo: Faro Editorial, 2017.

Dentro das quatro macro áreas ainda existem 34 subcategorias de talentos que podemos observar e analisar se fazem parte de quem somos:

CONSTRUÇÃO DE RELACIONAMENTO	PESAMENTO ESTRATÉGIVO	INFLUÊNCIA	EXECUÇÃO
ADAPTABILIDADE	IDEAÇÃO	ATIVAÇÃO	REALIZAÇÃO
CONEXÃO	CONTEXTO	COMANDO	ORGANIZAÇÃO
DESENVOLVIMENTO	FUTURISTA	COMUNICAÇÃO	CRENÇA
EMPATIA	ANALÍTICO	COMPETIÇÃO	IMPARCIALDADE
HARMONIA	INPUT	EXCELÊNCIA	PRUDÊNCIA
INCLUSÃO	INTELECÇÃO	AUTOAFIRMAÇÃO	DISCIPLINA
INDIVIDUALIZAÇÃO	ESTUDIOSO	SIGNIFICÂNCIA	FOCO
POSITIVO	ESTRATÉGICO	CARISMA	RESPONSABILIDADE
RELACIONAMENTO			RESTAURAÇÃO

Na área de Construção de Relacionamento, você pode observar que as pessoas com maior facilidade para gerar dinheiro costumam ser adaptáveis, ter empatia, harmonizar situações, fazer conexões valorosas, incluindo e individualizando suas relações para com o outro, e são também positivas e se relacionam bem. Veja como essa área se refere muito sobre entrar em contato com o próximo a partir de uma abordagem que o encante e cative.

Já em Pensamento Estratégico, podemos ver alguns talentos que se referem à pessoa voltada para ela mesma, como ser estudioso, ter olhar mais estratégico sobre os contextos, olhar para o futuro e conseguir ter *inputs* sobre como agir para alcançar o que deseja. São pessoas com facilidade para criar, como o Steve Jobs ou o Elon Musk.

Em Influência, podemos ver algumas habilidades como carisma para lidar com as pessoas, autoafirmação daquele que acredita, dar significado para as coisas, ter o poder de comando e de ativação, além de ser um bom comunicador e ter uma postura mais competitiva.

Já no último bloco, você notará que existem talentos sobre os quais falo muito, como disciplina, foco, responsabilidade, organização e realização. Tudo isso faz com que você saia do lugar e realmente seja uma pessoa que executa aquilo que deseja realizar. Em Execução estão os talentos que nos ajudam a trazer ao mundo real aquilo em nossa mente.

Agora, talvez você me diga: "Mas, Joel, o meu talento é cantar". Não, cantar é a maneira como você expressa o seu talento, é uma técnica. Veja o Michael Jackson, por exemplo. Meu pai era muito fã dele, em especial da música "Beat It", e passei a minha infância ouvindo esse cara. Ele era um cantor exímio, mas o que ele realmente fazia era influenciar as pessoas a partir de suas apresentações. Esse era o talento do cara: encantar, tocar a alma das pessoas mesmo que à distância.

Agora, se ao terminar esta leitura você não descobrir qual é o seu talento, calma. Todo mundo possui pelo menos um, você precisa desenterrá-lo. Ele está aí, e a tabela anterior poder ter auxiliado você a compreender um pouco mais sobre ele. Sentiu alguma conexão? Explore-a!

Assumir o seu jeito de ser, deixar suas características mais únicas a aflorarem é o único caminho. Pare de desejar se tornar o outro e comece a desejar se tornar você mesmo. É o seu jeito único que faz a diferença.

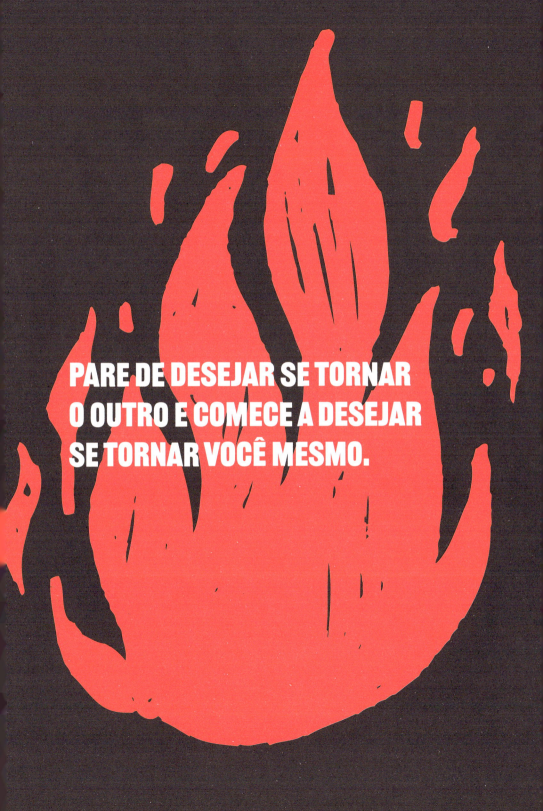

É O SEU JEITO ÚNICO
QUE FAZ A DIFERENÇA.

#REFLITA

ANTES DE AVANÇAR, FAÇA UMA REFLEXÃO PARA IDENTIFICAR O SEU TALENTO:

1. Descreva em poucas palavras quem você é.

2. Quais são as suas cinco principais qualidades ou dons?

3. Quais são as cinco coisas que você mais valoriza?

4. Liste as cinco qualidades que você mais admira nas pessoas.

5. O que você mais gosta de fazer? Quando se sente completamente feliz e realizado?

6. Se pudesse fazer qualquer coisa, o que faria, por você e pela sua comunidade, grupo ou planeta?

7. Selecione cinco verbos que mais o estimulam ou motivam.

ABRAÇAR	CONFIAR	MOTIVAR
ACENDER	CRIAR	NUTRIR
ACREDITAR	CURAR	ORGANIZAR
AGRUPAR	DAR	PARTILHAR
AMAR	DECIDIR	PERDOAR
AMPLIAR	DEFENDER	PLANEJAR
APRECIAR	DESCOBRIR	PROMOVER
APOIAR	DIRIGIR	REFLETIR
AFETAR	EDUCAR	RELAXAR
AFIRMAR	ELEVAR	RESISTIR
APROXIMAR	ENTUSIASMAR	RESPEITAR
APRENDER	ESPERAR	RESSOAR
AVALIAR	EXTRAIR	REUNIR
AJUDAR	FORNECER	RIR
BRINCAR	FACILITAR	SALVAR
BUSCAR	GANHAR	SER
CHAMAR	ILUMINAR	SERVIR
COMANDAR	INSPIRAR	SONHAR
COMPREENDER	INDUZIR	VALORIZAR
COMUNICAR	JOGAR	VIVER
COMPARTILHAR	LIDERAR	
CONECTAR	LIBERTAR	

8. Existe alguma frase, pensamento ou ditado que o inspira? Qual?

_____
_____
_____
_____
_____
_____

9. Existe alguma música ou filme que marcou sua vida? Qual mensagem deixaram?

_____
_____
_____
_____
_____
_____

10. O que mais o emociona?

_____
_____
_____
_____
_____
_____

11. A que causa, grupo ou princípio você estaria disposto a dedicar sua vida?

_____
_____
_____
_____
_____
_____

12. Imagine que o mundo se transformou em um lugar melhor para todos graças a você. Como conseguiu isso?

_____

_____

_____

_____

_____

_____

13. Qual agradecimento gostaria de ouvir de Deus por seus atos?

_____

_____

_____

_____

_____

_____

14. Como você gostaria de ser lembrado após a morte?

_____

_____

_____

_____

_____

_____

15. Quando as pessoas analisam em que são realmente boas, aquilo em que têm talento natural, facilidade, e outras pessoas reconhecem isso como uma habilidade acima da média, são essas algumas das respostas que aparecem:

O QUE AS PESSOAS RESPONDEM	ÁREA DE CONCENTRAÇÃO	POSSÍVEIS ATIVIDADES PROFISSIONAIS	ESCREVA AS ATIVIDADES PROFISSIONAIS QUE PODEM SER DESENVOLVIDAS COM ESSE TALENTO
Administrar coisas	Execução	Administrador de empresas, administrador de bens, gestor de finanças, síndico	
Ajudar crianças e adolescentes vulneráveis	Construção de relacionamentos	Psicólogo, assistente social, pedagogo, terapeuta, professor	
Apaziguar conflitos	Execução	Negociador, advogado, juiz, policial, segurança	
Aprender	Pensamento estratégico	Profissional que aprende e faz resumo de conceitos (vídeos, texto, áudios, apps)	
Artesanato	Execução	Escultor, pintor, corte e costura, designer de jOias	
Atendimento ao público	Construção de relacionamento	Recepcionista, hostess, secretário	
Cantar	Influência	Compositor, escritor, poeta	
Compor	Influência	Compositor, escritor, poeta	
Comunicar	Influência	Ator, atriz, apresentador, radialista, professor, palestrante, treinador	
Concentração	Pensamento estratégico	profissional de yoga, analista, treinador mental	
Contar piadas	Influência	Humorista, animador de festa, hospitalhaço, (hospital com palhaço), palhaço	
Criação e reparação de roupas	Execução	Gerente de inovação	
Criar, decorar e organizar ambientes	Execução	Personal organizer, designer de interiores, profissional de feng shui, home stylist, arquiteto	
Cuidar de animais	Construção de relacionamentos	Veterinário, ONG de animais, adestrador	
Cuidar de pessoas	Construção de relacionamentos	Médico, enfermeiro, cuidador de idoso, babá, psicólogo, fisioterapeuta, psiquiatra, terapeuta holístico	

Dançar	Influência	Dançarino	
Dar conselhos	Influência	Mentor, tutor, consultor	
Desbloquear mentes	Execução	Treinador, mentor espiritual, mentor emocional	
Desenhar	Execução	Ilustrador, desenhista, cartunista, pintor, web designer	
Dirigir automóveis	Execução	Motorista pessoal, motorista empresarial, piloto automobilístico	
Ensinar	Influência	Professor, líder, treinador	
Escrever	Pensamento estratégico	Escritos, jornalista, publicitário, copywriter	
Escutar pessoas	Construção de relacionamentos	Psicólogo, padre, terapeuta, mentor	
Esportes	Execução	Atleta, professor de educação físicA, treinador mental de atletas	
Eternizar momentos	Construção de relacionamentos	Cinegrafista, fotógrafo, locutor, jornalista, escritor	
Falar em público	Influência	Palestrante, locutor, professor, guia turístico	
Fazer bolos	Execução	Doceira, confeiteira, personal chef	
Fazer doces	Execução	Fazer bolos para eventos, doceira, confeiteira	
Gerar ideias de novos negócios	Pensamento estratégico	Consultor, estrategista, empreendedor, gerente de novos negócios, conselheiro, chefe de inovação	
Harmonia	Construção de relacionamentos	Mediador, negociador	
Humor	Influência	Humorista, dublador, apresentador de programa de comédia	
Identificar fraudes	Pensamento estratégico	Auditor, controller, gestor de risco	
Influenciar pessoas	Influência	Digital influencer, mentor, treinador, líder, palestrante, gerente	

Inspirar pessoas	Influência	Palestrante, treinador, líder de equipes	
Expressar-se pelo corpo	Influência	Ator, dançarino, músico	
Meio ambiente	Execução	Biólogo, arqueólogo, metereologista	
Moda e vestimenta	Influência	Estilista, designer, personal stylist	
Montar coisas	Execução	Engenheiro, marceneiro, mecânico	
Organizar documentos	Execução	Bibliotecário, arquivista, secretário, museologista	
Pensar de maneira lógica	Pensamento estratégico	Estrategista, gestor de projetos, programador, empresário, educador financeiro	
Proteger vidas	Execução	Médico, policial, socorrista, bombeiro, guarda-vidas	
Reabilitar pessoas	Execução	Fisioterapeuta, nutricionista, psicólogo, professor de educação física, professor, médico, dentista	
Resolver conflitos entre adolescentes	Pensamento estratégico	Psicóloga, assistente social, professora, coach, líder religiosa	
Resolver problemas	Pensamento estratégico	Gerente de projetos, negociador, estrategista	
Reunir pessoas	Influência	Organizador de eventos, relações públicas	
Seguir planos à risca	Execução	Gerente de projetos, chefe de operação, militar	
Simplificar conhecimento	Pensamento estratégico	Professor, instrutor, especialista em processos	
Tocar instrumentos	Influência	Músico	
Treinar pessoas	Influência	Professor, treinador, palestrante, mentor, gestor, líder	
Vender	Influência	Vendedor, empreendedor, corretor	

Agora, analise a tabela abaixo e dê notas para si mesmo de 0 a 10 em cada um dos fatores listados:

ÁREA	DOMÍNIO	PENSAMENTOS, SENTIMENTOS E COMPORTAMENTOS	EXEMPLOS DE FRASES	NOTA
PENSAMENTO ESTRATÉGICO	Analítico	Você não quer necessariamente destruir as ideias de outras pessoas, mas insiste que suas teorias sejam sólidas. Você se vê como objetivo e desapaixonado. Você gosta de dados porque eles são livres de valor.	"Prove isso. Mostre-me porque o que você está reivindicando é verdade."	
	Contexto	Perspectiva e histórico são importantes para as pessoas com fortes talentos de contexto. Elas acreditam que é o lugar onde as respostas estão. Elas olham para trás para entender o presente. Do passado, elas podem discernir modelos para o direcionamento.	"Eu preciso de mais dados do que aconteceu para tomar decisões melhores e saber por onde começar a pensar." "Explique o que aconteceu para eu saber o que fazer."	
	Futuristas	Pessoas com fortes talentos do tema futurista adoram olhar além do horizonte. Elas são fascinadas pelo futuro, antecipam e imaginam, em detalhes, como será ou poderá ser o amanhã. Normalmente elas veem o futuro de modo positivo.	"Eu vejo que coisa melhores virão. No futuro, vai ser ainda melhor, eu consigo enxergar isso."	
	Ideativo	São pessoas criativas que gostam de originalidade. Elas desfrutam de experiências de pensamento livre, como grupos de brainstorming e de discussão. Elas têm uma capacidade natural para considerar os assuntos de várias perspectivas. Elas gostam de virar o mundo que conhecemos de cabeça para baixo, para que possamos vê-lo sob um novo ângulo estranhamente explicado.	"Quero ouvir a sua ideia. Pode ser que isso funcione sim. Nada impede nossa criatividade e imaginação."	
	Input	Pessoas com fortes talentos no tema de input são curiosas e sempre querem saber mais. São ávidas por informações, gostam de colecionar ideias, livros, recordações, citações ou fatos. Não importa o que elas colecionem, fazem isso porque têm interesses e uma curiosidade natural.	"Qual foi a maior sacada que você teve com...?"	

ÁREA	DOMÍNIO	PENSAMENTOS, SENTIMENTOS E COMPORTAMENTOS	EXEMPLOS DE FRASES	NOTA
PENSAMENTO ESTRATÉGICO	Intelecção	Pessoas com fortes talentos no tema intelecção gostam de pensar, de atividades mentais e de exercitar o cérebro. Essa necessidade de atividade mental pode ser concentrada: por exemplo, podem tentar resolver um problema, desenvolver uma ideia ou entender os sentimentos de outra pessoa. O foco exato dependerá de seus pontos fortes.	"Preciso de evidências mais profundas." "Preciso pensar mais."	
	Estudioso	Esforçam-se constantemente para aprender e melhorar. O processo de aprendizado é tão importante para elas quanto o conhecimento obtido. A segurança e deliberada jornada da ignorância até a competência é o que dá energia aos estudiosos. Elas são motivadas pela emoção de aprender novos fatos, começar um novo assunto e dominar uma habilidade importante. O aprendizado cria sua confiança.	"Eu amo estudar." "Como estudos, seminários me fazem muito bem."	
	Estratégico	São capazes de se orientar em meio à confusão e achar a melhor saída. Essa não é uma habilidade que se aprende, é uma maneira distinta de pensar, uma perspectiva especial do mundo em geral. Essa perspectiva permite que elas vejam padrões onde outros simplesmente veem complexidade.	"Vou encontrar a melhor, mais rápida e fácil saída para isso."	

ÁREA	DOMÍNIO	PENSAMENTOS, SENTIMENTOS E COMPORTAMENTOS	EXEMPLOS DE FRASES	NOTA
CONSTRUÇÃO DE RELACIONAMENTO	Adaptabilidade	Elas não veem o futuro como um destino fixo. Em vez disso, é algo que podem criar a partir de alternativas feitas no presente. Elas não se importam com solicitações de última hora ou desvios imprevistos e esperam por isso. No fundo, são pessoas bastante flexíveis que podem se manter produtivas mesmo quando as circunstâncias as levam em diversas direções simultaneamente.	"Para mim tudo bem. Eu me adapto fácil."	
	Conexão	As coisas acontecem por uma razão. Aqueles com fortes talentos de conexão têm certeza disso. Elas têm uma poderosa convicção de que todos estão conectados. Enquanto cada pessoa é responsável por suas próprias decisões e ações, aqueles com esse perfil acreditam que todo mundo é parte de algo maior. Essa crença implica em determinadas responsabilidades.	"Aconteceu desse jeito porque tinha que acontecer." "A gente se conectou muito desde o começo, incrível."	
	Desenvolvedores	Os desenvolvedores veem o potencial dos outros naturalmente, como a capacidade de mudar, crescer, desenvolver para melhor... Eles se sentem atraídos por essas pessoas por isso. Fazer parte do desenvolvimento de outra pessoa é uma das melhores experiências do mundo para eles.	"Eu quero ajudar essa pessoa a se desenvolver. Eu acredito que posso ajudar você nisso."	
	Empatia	Pessoas com fortes talentos no tema empatia conseguem perceber as emoções dos que estão ao se redor. Elas conseguem sentir o que os outros estão sentindo como se esses sentimentos fossem seus. Elas, intuitivamente, veem o mundo através dos olhos dos outros e compartilham suas perspectivas. Elas percebem o sofrimento ou a alegria deles — muitas vezes antes mesmo de esses sentimentos serem externalizados.	"Estou indo aí agora para ajudar você, sei que você precisa de mim." "Fiz de coração."	

ÁREA	DOMÍNIO	PENSAMENTOS, SENTIMENTOS E COMPORTAMENTOS	EXEMPLOS DE FRASES	NOTA
CONSTRUÇÃO DE RELACIONAMENTO	Harmonia	Pessoas com fortes talentos em harmonia querem a paz e tentam unir os outros. Do ponto de vista desses membros da equipe, o conflito e a discussão trazem poucos ganhos, então eles procuram reduzi-los ao mínimo.	"Vamos encontrar o melhor para que todos saiam daqui felizes."	
	Inclusão	Elas desejam incluir as pessoas e fazem com que elas se sintam parte do grupo. Elas notam as pessoas que se sentem intrusas ou negligenciadas, tentam se aproximar delas e trazê-las para o grupo. Elas aceitam os outros institivamente.	"Aumente o tamanho do seu círculo de pessoas."	
	Individualização	Fascinadas pelas qualidades exclusivas de cada um e compreendem essas qualidades. Impacientes com generalização, o foco dessas pessoas está nas diferenças entre os indivíduos. Elas institivamente observam o estilo, a motivação e o modo de pensar de cada pessoa e como ela cria seus relacionamentos. Elas observam detalhadamente os pontos fortes das outras e extraem o melhor de cada uma delas.	"Eu gosto de trabalhar sozinho." "Eu aprendi observando." "Eu observo e melhoro." "Eu gosto de ficar sozinho, rendo mais assim."	
	Positivo	Pessoas com fortes talentos no tema positivo são generosas nos elogios, de sorriso fácil e sempre procuram o lado divertido da situação. Elas provocam entusiasmo nas pessoas, nos grupos e nas organizações. Podem incentivar os outros a serem mais produtivas e confiantes.	"A gente vai conseguir, eu tenho certeza."	
	Relacionamento	Pessoas com fortes talentos no tema relacionamento são atraídas por pessoas que já conhecem. Não evitam, necessariamente, conhecer pessoas novas e talvez possuam outros temas de talento que contribuam para gostar da emoção de transformar desconhecidos em amigos, porém sentem imenso prazer em estar rodeadas de seus amigos.	"Gosto de estar com pessoas." "Adoro fazer festa para meus amigos e receber pessoas na minha casa."	

ÁREA	DOMÍNIO	PENSAMENTOS, SENTIMENTOS E COMPORTAMENTOS	EXEMPLOS DE FRASES	NOTA
CONSTRUÇÃO DE RELACIONAMENTO	Ativação	Pessoas com o tema ativação são impacientes por ação. Elas podem concordar que as análises têm o seu uso ou que o debate e a discussão ocasionalmente rendem algumas valorosas descobertas, mas, no fundo, sabem que apenas a ação é real.	"Quando podemos começar?"	
	Comando	As pessoas com fortes talentos de comando naturalmente assumem o controle. Elas veem o que precisa ser feito e estão dispostas a falar. Não temem o confronto, em vez disso entendem que o confronto é o primeiro passo em direção à resolução. Elas têm a necessidade de que as coisas sejam claras entre as pessoas e as desafiarão a serem diretas e honestas. Seu talento impulsiona-as a assumir riscos.	"Eu começo." "Eu faço." "Eu vou."	
	Comunicação	Gostam de explicar, descrever, apresentar e escrever. Seus talentos naturais lhes permitem trazer ideias e eventos à vida. Elas transformam pensamentos e ações em histórias, imagens, exemplos e metáforas.	"Deixa eu te contar exatamente como funciona isso."	
	Competição	A essência da competição está na comparação. Para as pessoas com esse talento o desemprenho é a sua suprema medida. Quando elas olham o mundo, instintivamente prestam atenção no desempenho das pessoas. Elas têm uma profunda aspiração de serem melhores e trabalharão duro para se destacarem – especialmente em comparação aos outros. Não é sobre esforço, é sobre vitória.	"Eu amo competir."	

ÁREA	DOMÍNIO	PENSAMENTOS, SENTIMENTOS E COMPORTAMENTOS	EXEMPLOS DE FRASES	NOTA
INFLUÊNCIA	Excelência	Percebem os talentos e os pontos fortes nos outros, normalmente antes que qualquer outra pessoa perceba. Os pontos fortes, de si e de outros, vão fasciná-los. As pessoas que se destacam no tema excelência adoram ajudar os outros a se sentirem entusiasmados quanto a seu potencial e têm a capacidade de ver o que as pessoas fazem de melhor, em quais funções podem se destacar e quais talentos associam-se às tarefas que devem ser cumpridas;	"Podemos fazer isso ainda melhor."	
	Autoafirmação	A autoafirmação é similar à autoconfiança. Pessoas com esse talento acreditam em seus pontos fortes e sua capacidade. Sabem que são capazes de correr riscos, de enfrentar desafios, de reivindicar direitos e de cumprir tarefas.	"Eu consigo, eu consigo, eu consigo."	
	Significância	Desejam que os outros vejam seu valor, querem ser reconhecidas, ouvidas e valorizadas. Desejam ser apreciadas pelos talentos únicos que oferecem e tentam ter um impacto nas pessoas, nos grupos e na sociedade em geral. Elas querem que suas contribuições sejam vistas como substanciais, significativas e eficientes.	"Esse é um motivo realmente importante." "Agora eu gostei, fez todo o sentido para mim." "Eu quero trabalhar naquilo que esteja alinhado com os meus propósitos."	
	Carisma	Carisma é relacionado com afeto. Pessoas com fortes talentos no tema carisma gostam do desafio de conhecer novas pessoas e ganhar seu respeito. Querem saber os nomes das outras pessoas, fazem perguntas e encontram interesses em comum sobre os quais é possível criar afinidade.	"Olá, prazer, meu nome é... Que bom que você veio."	

ÁREA	DOMÍNIO	PENSAMENTOS, SENTIMENTOS E COMPORTAMENTOS	EXEMPLOS DE FRASES	NOTA
INFLUÊNCIA	Realização	Apresentam necessidade constante de realização. Essa sede os empurra a fazer e realizar mais. Pessoas com esse talento sentem-se como se todos os dias começassem do zero. Ao fim do dia, devem ter cumprido alto significativo para se sentirem bem.	"Qual é o objetivo?" "Depois que eu conquisto um objetivo, eu crio outro em seguida."	
	Organização	Frente a uma situação complexa, pessoas com forte talento em organização gostam de gerenciar todas as variáveis, alinhando e realinhando-as, até que estejam certos de que organizaram da maneira mais produtiva possível. Elas são exemplos brilhantes de flexibilidade efetiva, seja alternando seus planos de viagem no último minuto em favor de uma conexão melhor ou uma tarifa mais baixa, ou refletindo sobre a melhor combinação de pessoas e recursos para realizar um novo projeto.	"Eu gosto das coisas organizadas." "Eu gosto de trabalhar com coisas organizadas e ter tudo planejado com antecipação." "Não me sinto bem com coisas e situações desorganizadas."	
	Crença	Pessoas com fortes talentos de crença têm princípios estáveis pelos quais elas vivem. Esses valores variam de uma pessoa para outra, mas de modo geral possuem ideias profundas e um forte sentido de objetividade em suas vidas. Esses valores fundamentais afetam seu comportamento de diversas maneiras.	"Está escrito." "Não existe coincidência." "Eu acredito na força do universo como aliada das minhas atitudes."	
	Imparcialidade	Equilíbrio é importante para aqueles com forte talento de imparcialidade. Eles têm uma consciência aguçada da necessidade de tratar as pessoas da mesma maneira, não importa sua posição da vida, para que a balança não pese muito a favor de qualquer pessoa. A seu ver, isso leva ao egoísmo e ao individualismo.	"Dois pesos, duas medidas." "Não posso abrir precedente para você."	

ÁREA	DOMÍNIO	PENSAMENTOS, SENTIMENTOS E COMPORTAMENTOS	EXEMPLOS DE FRASES	NOTA
REALIZAÇÃO	Prudência	Pessoas com talento prudência são cuidados e vigilantes. Tudo pode parecer em ordem, mas sob a superfície elas pressentem diversos riscos. Em vez de negar esses perigos, elas os trazem à tona. Cada risco pode ser identificado, avaliado e finalmente reduzido. Assim, trazem uma abordagem completa e consciente para as tomadas de decisão.	"Vamos checar novamente." "Vamos fazer a última revisão." "Estou levando a mais, como fator de segurança."	
	Disciplina	Pessoas com disciplina prosperam em um ambiente organizado e ordenado. Gostam de que seus dias sejam previsíveis e planejados, e instintivamente organizam suas vidas. Estabelecem rotinas, se concentram em cronogramas e prazos para a conclusão das tarefas.	"Disciplina é liberdade." "O sucesso é treinável." "Eu sou fruto do meu trabalho diário."	
	Foco	Pessoas com talento em foco definem prioridades e depois agem. Elas estabelecem metas que servem como uma bússola, ajudando-as a determinas as prioridades e a fazer as alterações necessárias para voltar ao curso escolhido.	"Não posso aceitar seu convite, obrigado, mas ele vai me tirar das tarefas que tenho de fazer e são importantes para mim."	
	Responsbilidade	Pessoas com responsabilidade como talento se apropriam psicologicamente de tudo aquilo que se comprometem a fazer, seja grande ou pequeno. Se sentem emocionalmente obrigadas a cumprir o acordado, mantém suas promessas e honram seus compromissos.	"Eu vou fazer, eu disse que ia fazer." "Eu dei a minha palavra." "Ninguém precisa me lembrar das minhas obrigações." "A culpa é minha."	
	Restauração	Adoram solucionar problemas. Enquanto alguns desanimam, pessoas com talento em restauração são energizadas e vibram com o deságio de analisar os sintomas, indentificar o que está e encontrar uma solução. Elas gostam de trazer as coisas de volta à vida, consertando-as ou renovando sua vitalidade. Trazem coragem e criatividade para situações problemáticas.	"Não fique triste, no final dá certo." "Não desanime, há aprendizados nessa experiência." "Você não fracassou, você aprender." "O fracasso não é o oposto do sucesso, faz parte dele." "Isso acontecei na sua vida para que fosse testado."	

16. Agora escreva quais são os seus cinco maiores talentos (domínios), classifique-os do maior ao menor e escreva suas respectivas áreas.

DOMÍNIO	ÁREA	NOTA	OBSERVAÇÕES

A COMPOSIÇÃO DO TALENTO

Para ter o seu talento manifestado, você precisará de componentes: **fisiologia**, **ambiente de crescimento**, **tempo** e **ignição** – todos mencionados anteriormente e retomados aqui.

1. FISIOLOGIA

A mente, o modo como pensamos, o nosso código genético, as predisposições dos genes, o corpo físico e o mental: tudo isso é **fisiologia**. A fisiologia é muito importante para fazer o nosso talento aparecer.

Meu filho João, por exemplo, tem um talento, mas nós ainda não sabemos qual é. A nossa única obrigação, como pais, é oferecer experiências para ele se apaixonar, entender e perceber o que faz bem. Experiências sensoriais, emocionais, espirituais, cognitivas, que toquem a fisiologia dele e tragam à tona o que ele pode fazer de melhor.

2. AMBIENTE DE CRESCIMENTO

A segunda coisa importante no talento é o **ambiente de crescimento**. O João precisa estar em um ambiente de crescimento que faça o talento dele se manifestar. Caso contrário, ele pode fazer o

A FISIOLOGIA É MUITO IMPORTANTE PARA FAZER O NOSSO TALENTO APARECER.

processo inverso e esconder o talento em seu interior, sem sequer conhecê-lo.

Você pode estimular o ambiente para que seja propício ao seu desenvolvimento. No caso do João, é meu dever de pai fazer isso por ele. Como adulto, é sua obrigação fazer isso por você.

3. TEMPO

O terceiro componente do talento é o **tempo**. É preciso tempo para amadurecer. Nada acontece do dia para a noite, então é essencial exercitar a paciência, respirar fundo e acreditar que vai acontecer.

4. IGNIÇÃO

O quarto componente é a **ignição**. É preciso haver um disparo, uma faísca, um gatilho para a ação do seu talento, porque ele não vai se mostrar sozinho. Faça acontecer!

Se o seu corpo colabora positivamente com o seu desenvolvimento, se você dispõe de um ambiente de crescimento favorável, se consegue controlar a ansiedade e deixar o tempo fazer o que é preciso para maturar o seu talento, e se possui motivos para ignição, o palco será seu.

O TALENTO É A CHAVE PARA MANIFESTAR SEU POTENCIAL. É A PREDISPOSIÇÃO. TREINÁ-LO É SUA RESPONSABILIDADE.

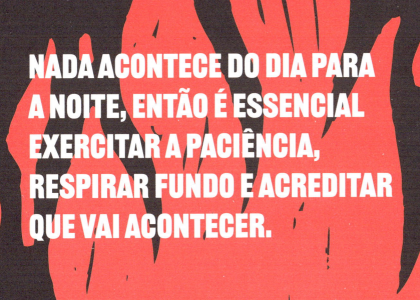

COMO DEIXAR SEU TALENTO NO PONTO CERTO

Existe um jeito ideal para saber se você está de fato desenvolvendo o seu talento corretamente. Isso acontece quando alcançamos um aprendizado de alta velocidade, que é aquele momento em que você já tentou algo, não conseguiu realizar como gostaria, e então tenta novamente. Essa atividade de repetir suas tentativas, identificando o que está fazendo de errado e tentando encontrar novos caminhos de realização é o que garante que você efetivamente está praticando e desenvolvendo essa habilidade.

Temos em nosso organismo algo chamado bainha de mielina, uma capa de tecido adiposo que protege as nossas células nervosas. Quando saudável, os sinais nervosos são enviados muito rapidamente e, o que é mais interessante, quando você estimula esse envio de informação, essas conexões cerebrais se tornam mais aceleradas. Ou seja, elas se desenvolvem conforme você pratica.

Essa é uma informação técnica que pode não fazer diferença para você neste momento, mas é importante saber que é essencial criar estímulos que sempre aumentem a sua capacidade de troca de informação cerebral, pois isso o alimentará e o tornará mais rico em conhecimento.

Assim, ao criar uma rotina de treino para o seu talento, com tentativas e erros e tentativas novamente, você garante que algo que estava dormente comece a circular cada vez com mais rapidez, evolução e novos aprendizados. Sairá do ponto morto e dará a ignição para, depois, vencer todas as corridas a que se propuser.

SÓ O TALENTO É SUFICIENTE?

O talento por si só não é suficiente. Como você pode notar até aqui, é preciso todo um processo fisiológico, de tempo, de ambiente e de faíscas que façam com que seu talento desperte para o mundo. Mas também existem outros fatores importantes, principalmente se você deseja exercer uma liderança sobre o seu talento. Existem quatro elementos-chave que você precisará dominar nesse sentido:

1. **DIREÇÃO: é preciso saber para onde você vai, ter foco direcionado. Compreender onde é mais importante focar em cada momento pode ajudar você a ter um melhor direcionamento para aquilo que está construindo;**

2. **TREINAMENTO: treinar, treinar e treinar. A repetição garante que você domine aquilo que deseja;**

3. **SUPORTE: receber feedbacks é extremamente importante em todo o processo de desenvolvimento de um talento. Esses retornos o ajudam a ter um olhar 360° sobre o que você está executando. Aqui, você pode contar com mentores e conselheiros;**

4. **DELEGAÇÃO: uma vez dominado o talento, você é capaz de exercer a liderança em determinada área e delegar atividades para outras pessoas desenvolverem dentro do campo em que trabalham.**

Pensando nesses aspectos profissionais – afinal, não estamos aqui falando em você desenvolver um talento como hobbie, mas sim como elemento estratégico para o seu desenvolvimento de carreira –, quero que você faça os exercícios anteriores refletindo sobre o que deseja manifestar de melhor como profissional. Reflita sobre os talentos com os quais você já se conectou e pense no que deseja fazer com eles para criar o seu futuro.

O TALENTO POR SI SÓ
NÃO É SUFICIENTE.

#REFLITA

1. Reflita e responda:

Reconheço que meu talento é:

_____

_____

_____

_____

_____

_____

_____

_____

E nesse momento preciso de:

Mais direção (   )

Mais treinamento (   )

Mais suporte (   )

Preciso que as pessoas permitam que eu faça:

_____

_____

_____

_____

_____

_____

_____

2. Agora, para cada elemento-chave apresentado, você deve perguntar-se:

Quem? Onde? O quê? Quando?

DIREÇÃO: Quando precisar de direção, **quem** é a pessoa que vai procurar? **Onde** irá, encontrá-la? **O que** ela vai te ensinar? **Quando** você vai começar? Ou até **quando** você vai precisar?

TREINAMENTO: Quando precisar de treinamento, **quem** é a pessoa que vai te treinar? **Onde** irá encontrá-la? **O que** ela vai te ensinar? Até **quando** ela vai te treinar?

SUPORTE: Quando precisar de suporte, **quem** é a pessoa? **Onde** irá encontrá-la? **O que** você vai precisar? Até **quando** você vai precisar?

DELEGAÇÃO: Quando precisar delegar, **quem** é a pessoa? **Onde** irá encontrá-la? **O que** você vai delegar? Até **quando**?

Preencha suas respostas na tabela a seguir:

QUATRO ELEMENTOS-CHAVE	QUEM	ONDE	O QUÊ	QUANDO
DIREÇÃO				
TREINAMENTO				
SUPORTE				
DELEGAÇÃO				

EVIDÊNCIAS DE UM TALENTO

O talento é a base para a confiança, é a partir dele que você valida todas as suas ações e ganha a certeza de que está fazendo o melhor possível. Você já deve ter passado por algum momento em que, ao ser solicitado para fazer algo, ficou em dúvida por não saber executar aquilo de maneira correta. Já outras vezes, fez com o "pé amarrado nas costas". Quando você trabalha bem o seu talento, mesmo que a situação não o envolva diretamente, você conseguirá trabalhar essas circunstâncias não apenas de modo mais seguro, mas também fará com que a resolução do contexto tenha a sua assinatura. E essa será a diferença entre você ser apenas mais um executor e ser aquele que comanda a situação com maestria.

Outro ponto importante é que, quando você tem certeza sobre a sua ação, você se blinda dos medos de julgamento alheio, de parecer tolo, de perder tempo e de todos aqueles calafrios que podem acompanhar uma situação incerta. Isso, por si só, já traz um grande benefício para o seu emocional, para a sua saúde mental como um todo.

Agora, uma coisa é certa: você só vai alcançar esse patamar se estiver 100% presente na execução do que está fazendo. É importante, sim, prestar atenção ao passado, mas jamais faça morada nele. Assim como, ao olhar para o futuro, é importante planejar, mas ter consciência

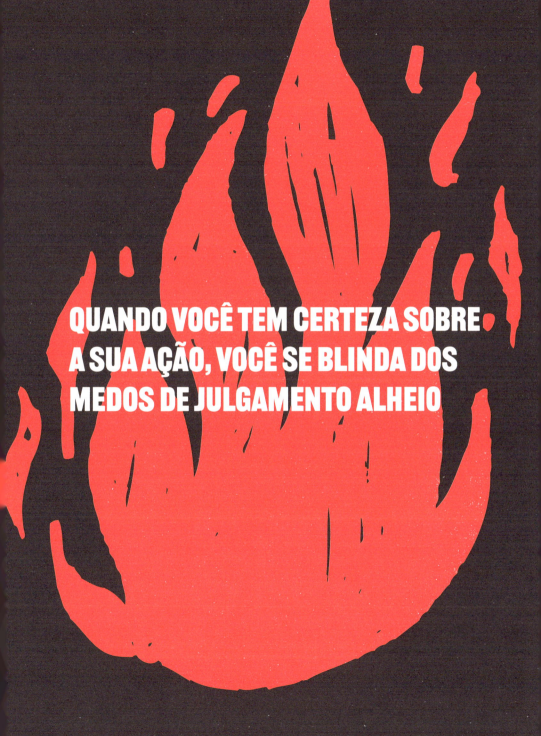

de que ele ainda não existe e pode mudar. Tudo o que existe é o momento presente, e diante disso você pode ter três atitudes:

1. **Fazer agora;**

2. **Procrastinar;**

3. **Não fazer nunca.**

É uma lei: só tem 100% de resultado quem dispende 100% de energia. Assim, não espere colher o resultado imediatamente, mas tenha certeza de que terá de volta o equivalente ao esforço empenhado. A persistência é um talento importante!

Assim, assuma a responsabilidade do que você construiu até aqui. Se teve algum problema, aprenda com ele e cresça. A primeira decisão é acreditar em si mesmo, ter confiança, focar no que está construindo agora.

ASSUMA A RESPONSABILIDADE DO
QUE VOCÊ CONSTRUIU ATÉ AQUI.

#REFLITA

Uma das coisas que pode impedir o sucesso de alguém em projetos pessoais e profissionais é a ausência de muitos recursos: a falta de visão, coragem, atitude, responsabilidade, recursos financeiros, autodisciplina, visão positiva e pessoas que possam ajudá-las.

Preencha as perguntas a seguir para identificar suas "falhas", encontrar soluções e decidir uma ação para mudar o estado atual.

1. Como você deseja que a sua vida seja em alguns meses?

_____
_____
_____
_____
_____
_____

2. Onde você quer estar?

_____
_____
_____
_____
_____
_____

3. Quem você quer que esteja ao seu lado?

_____
_____
_____
_____
_____
_____

4. Quais são as próximas realizações que você deseja alcançar?

_____

_____

_____

_____

_____

_____

O QUE PREJUDICA	O QUE SOLUCIONA	O QUE VOU FAZER PARA EVITAR A FALTA
Visão	Pessoas visionárias	
Atitude	Ação imediata	
Coragem	Clareza sobre o que quer	
Responsabilidade	Clareza sobre o meu papel	
Recursos	Conhecimentos	
Autodisciplina	Determinação e automotivação	
Visão positiva	Clareza e conhecimento	
Pessoas	Pessoas certas	

Agora, reflita. É necessário fazer uma análise precisa de como foram os últimos meses. O que funcionou, o que não funcionou e o que pode melhorar.

ÚLTIMO	O QUE FUNCIONOU?	O QUE NÃO FUNCIONOU?	O QUE PODE MELHORAR?
Mês			
Três meses			
Seis meses			
Ano			

FLOW

Você já deve ter tido contato com a expressão flow. Ela significa flui-dez e, há trinta anos, um grande pesquisador e psicólogo austríaco, Mihaly Csikszentmihalyi, fez uma pesquisa profunda e robusta para entender por que as pessoas talentosas eram talentosas. Ele que-ria entender por que um pianista, um artista, um comunicador, um atleta fazem o que fazem e da forma como fazem. Foi uma pesquisa qualitativa/descritiva em que as pessoas responderam sobre suas performances, e as respostas eram, por exemplo: "Quando começo a tocar piano parece que desconecto minhas mãos e não controlo o que estou fazendo". Os resultados dessa pesquisa apontaram que os profissionais que performam em estado de flow conquistam cinco vezes mais resultados do que os que não o fazem.

Quando tive contato com essa teoria, eu já tinha parado de nadar, tinha encerrado a minha carreira, mas entendi que todas as minhas melhores performances estavam conectadas a um fator determinante: o flow.

O estado de flow faz desaparecer o crítico interno, não per-mite que julgamentos atrapalhem o que você está realizando, de modo que você realiza a sua ação sem interrupções internas. Porém, para entrar nesse estado, é preciso amar o que você faz e, durante o

O ESTADO DE FLOW FAZ
DESAPARECER O CRÍTICO INTERNO.

processo, segundo a pesquisa, o cérebro libera os neurotransmissores relacionados a poder e força de vontade.

Segundo Mihaly, nós temos alguns estados mentais possíveis: controle, relaxamento, tédio, apatia, preocupação, ansiedade, exaltação e flow. No gráfico abaixo você pode enxergar a relação desses estados mentais quando nos vemos diante de um desafio que depende de certa habilidade nossa:

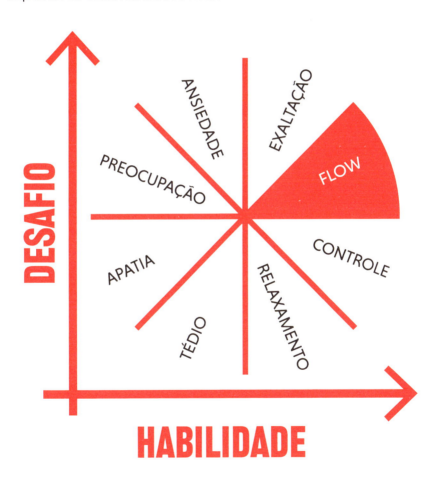

Assim, quando você possui uma habilidade, mas se sente pouco desafiado, entra no estado apático.

Quando possui pouca habilidade, mas o desafio é grande, ficará preocupado ou ansioso.

Quando o desafio e a habilidade são medianos, cai-se no tédio. Quando não há cobrança, mas dispõe de muita habilidade, você relaxa.

Quando o desafio é mediano, mas tem muita habilidade, se priva de ativar o seu máximo potencial e permanece no controle.

Quando sua habilidade é mediana, mas o desafio é alto, você entra em exaltação.

Agora, quando o desafio é máximo e você entrega suas habilidades no máximo, você entra em flow.

Veja, por muitos anos eu quis ganhar do Gustavo Borges, e quando isso aconteceu eu estava no meu máximo: nem no passado nem no futuro, mas focado no presente com o meu potencial em alta e o desafio diante de mim. Eu não pensava nos problemas em casa, não pensava na fofoca do amigo, não duvidava de minha capacidade e nem indagava se ia ganhar ou não. Na minha mente não havia nada, apenas o fluxo do que eu estava realizando em cada segundo daquele momento.

Em flow, você não vê o tempo passar, não sente fome, não se lembra de outro compromisso, nada.

Como saber que você entrou em **flow**:

1. **Você se sente presente;**

2. **Tem clareza;**

3. **Tem a sensação de êxtase;**

4. **Tem consciência de que a tarefa pode ser realizada;**

5. **Sente serenidade;**

6. **Atemporalidade, isto é, não verifica o relógio a cada minuto;**

7. **Sente prazer na jornada.**

As perguntas a seguir são para refletir e entender se as atividades do dia a dia estão ajudando você a entrar em estado de flow.

1. **Sente-se feliz na sua atividade profissional atual?**

2. **Qual atividade realiza com total espontaneidade?**

3. **Em quais momentos se sente concentrado, tranquilo e em estado de presença?**

A vantagem de entrar nesse estado mental é justamente realizar o que o deixa mais feliz usando sua máxima performance, porém é algo que só acontece quando a tarefa é desafiadora e você tem competência pra realizá-la.

O estado de flow é muito poderoso, e é importante entender o que faz você entrar nele. Hoje, antes de subir num palco, por exemplo, eu preciso me sentir relaxado, e a música me ajuda nesse processo. Eu acredito 100% que sou capaz de colocar 50 mil pessoas no Allianz Parque, acredito nisso e tenho recursos, tenho evidências, tenho critérios para falar com essas pessoas. E, para isso, não posso ficar sem foco ou energia, vou ter de colocar energia, vou precisar sentar com a equipe, tirar a roupa de treino e ir para o escritório e falar: "Galera, vamos agora usar a experiência, o nosso talento, para pensar em como colocar 50 mil pessoas de várias partes do país no Allianz Parque para fazerem o Treinamento Hora H no próximo semestre".

O ESTADO DE FLOW É MUITO PODEROSO, E É IMPORTANTE ENTENDER O QUE FAZ VOCÊ ENTRAR NELE.

FLOW PODE SER TREINADO!

Nadei a vida toda e muitos diziam para mim: "Não acredito que você fica contando azulejo!". Deixe-me contar uma coisa: nenhum nadador conta azulejo! É flow o tempo inteiro. No dia que o atleta começa a contar azulejo, chegou ao fim da carreira, precisa parar.

Aprendi muita coisa, estudei muito o desenvolvimento humano, e vi que tem muita groselha por aí, principalmente nas redes sociais, e também fui afetado por elas durante um tempo de minha vida. Na época, eu ainda não conseguia discernir o que era informação relevante do que era porcaria, então eu ouvia que "tentar não é uma opção" e eu acreditava naquilo. Porém, hoje eu sei que tentar é a principal atitude, porque sem tentar você não erra, não pratica e não aprende o que precisa.

É preciso tentar! Se você deseja correr 10km, deve tentar começar correndo 3km hoje. E se não conseguir, tudo bem. Seu corpo não está treinado para isso, a sua mente não está treinada para entrar no processo de flow e executar a alta performance. Porém, ao tentar com rotina, uma hora você vai conseguir, e até mesmo ultrapassar a meta.

Tentar, no entanto, não significa que você alcançou a perfeição. Não vá se iludir com a mentalidade de "feito é melhor do que perfeito". Isso é groselha pura. O correto seria pensar que "antes feito do que perfeito", porque ao menos você escolheu fazer antes mesmo de chegar à perfeição.

Um dia, estava numa grande loja de artigos esportivos, e alguém bateu nas minhas costas. Uma menina de máscara me perguntou se não lembrava dela. Era a Patrícia. Ela foi uma das melhores nadadoras infanto-juvenis que conheci, recordista campeã habilidosa, talentosíssima, uma rainha na água. Eu perdia dela na época, era incrível. E naquele dia ela me disse que era funcionária da loja. Pensei mil coisas, mas perguntei:

— Você está curtindo?

— Joel, o salário não é do jeito que eu quero, mas gosto e estou feliz aqui. É uma fase.

TENTAR É A PRINCIPAL ATITUDE, PORQUE SEM TENTAR VOCÊ NÃO ERRA, NÃO PRATICA E NÃO APRENDE O QUE PRECISA.

— O mundo está tão abundante, Patrícia, que hoje você pode fazer isso, amanhã, se quiser, fazer outra coisa, e o mundo permite! Se você está feliz, show de bola. Estou na internet, se precisar de mim, conte comigo. Adorei te ver!

Veja, em vez de criticar e falar que ela precisava mudar de atitude, que ela podia mais, eu optei por compartilhar uma palavra nutritiva com ela. Uma ex-jovem atleta num trabalho digno não é motivo para apontar o dedo e falar: "Nossa, você fracassou". Ela estava onde podia, num emprego honesto, ganhando a vida. E diante disso, fiz o que achei que me cabia: transmiti uma mensagem fortalecedora e ofereci meu suporte, caso ela desejasse tentar novas portas. E é isso que estou entregando para você neste livro, não tenha dúvidas: um caminho para melhorar o que você já faz, para ter novas oportunidades, para crescer, para alcançar o flow e ser majestoso em sua atuação. Mas isso, assim como no caso da Patrícia, só depende de você tomar a iniciativa e ir atrás.

MAESTRIA

Ter maestria é necessário para fazer com que o processo de flow aconteça como deve, além de entregar maior liberdade para você. Alcançar a maestria na vida, porém, depende especificamente de compreender quem você é e o que você espera do mundo. Você pode fazer essa análise a para de quatro aspectos fundamentais:

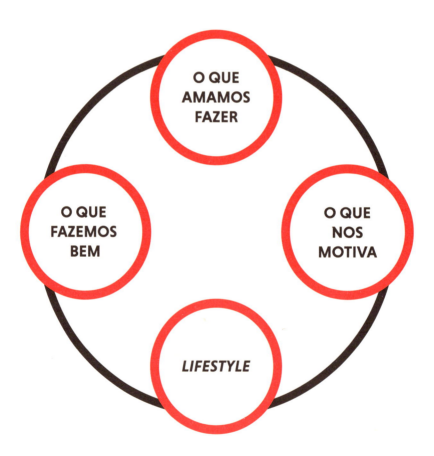

Pare um instante para refletir sobre esses aspectos. O que você faz bem? Lidera, se comunica, tem olhar estratégico...?

Qual estilo de vida quer ter? Materialista, essencialista, minimalista, sustentável...?

O que o motiva a sair da cama, se movimentar todo dia? Dar uma educação melhor para os filhos, comprar a casa dos sonhos, ajudar o próximo...?

O que você mais ama fazer nesse mundo? Dançar, ensinar crianças carentes, atender pessoas...?

Entenda uma coisa: o que importa é ser feliz, e a felicidade é uma conquista sua. Não abra mão do que você faz de melhor, do que mais gosta, por conta do julgamento alheio. Assuma quem você é e viva essa realidade. Você só tem o agora.

Meu propósito de vida, por exemplo, é viver minha vida sob as minhas regras. Se um dia quiser mudar, é a minha vida, faço o que quiser com ela. Se você quer ter autonomia, deve conquistar essa liberdade. Descubra o que é importante para você e viva isso.

O QUE IMPORTA É SER FELIZ,
E A FELICIDADE É UMA
CONQUISTA SUA.

#REFLITA

Para ajudar você a descobrir qual é a sua maestria, responda as perguntas a seguir:

1. **O que você ama fazer?**

2. **O que você faz bem?**

3. Em uma roda de conversa, qual assunto mais o motiva?

4. Qual é o seu estilo de vida?

DIFERENCIAL

No mundo absolutamente competitivo de hoje, em que a informação chega rápido e muda mais rápido ainda, se alguém rouba uma ideia (porque você não vai ao cartório e registra cada ideia que tem), o diferencial é necessário para garantir que você predomine na situação.

A vida realmente pode parecer que está passando rápido, mas isso acontece quando você está fora do momento presente. Esse sopro, na verdade, dura vinte e quatro horas para todo mundo, e o que importa é o que você consegue fazer nesse período todo dia. Nem tudo vai acontecer como você deseja, muito menos no tempo que você espera, mas isso não precisa ser o fim da linha, mas um novo começo.

Acredite, esperança é importante, mas mais inteligente ainda é saber quando é necessário terminar um ciclo para começar um novo. Às vezes, chegamos ao fim de um caminho – e reconhecer que esse ponto final chegou é extremamente importante –, mas isso não significa que as outras trilhas que o levarão aonde você deseja desaparecem junto com a finalização desse ciclo. O diferencial que existe em você será a garantia de que a sua jornada será concluída com sucesso. Nem todos conseguem dar os mesmos passos – nem deveriam tentar fazer isso.

ACREDITE, ESPERANÇA É IMPORTANTE, MAS MAIS INTELIGENTE AINDA É SABER QUANDO É NECESSÁRIO TERMINAR UM CICLO PARA COMEÇAR UM NOVO.

Quando ouvi a música "This Is Me" do filme *O rei do show*, fui profundamente tocado por sua letra. Aquela mensagem invadiu a minha alma de tal maneira que parecia uma faca me perfurando. Em sua letra, ela nos diz que o personagem foi ensinado a ter vergonha de suas cicatrizes e que ninguém o amaria daquela maneira – justamente o que não podemos fazer, pois são essas marcas em nossa história que nos tornam quem somos. Esse é o seu diferencial.

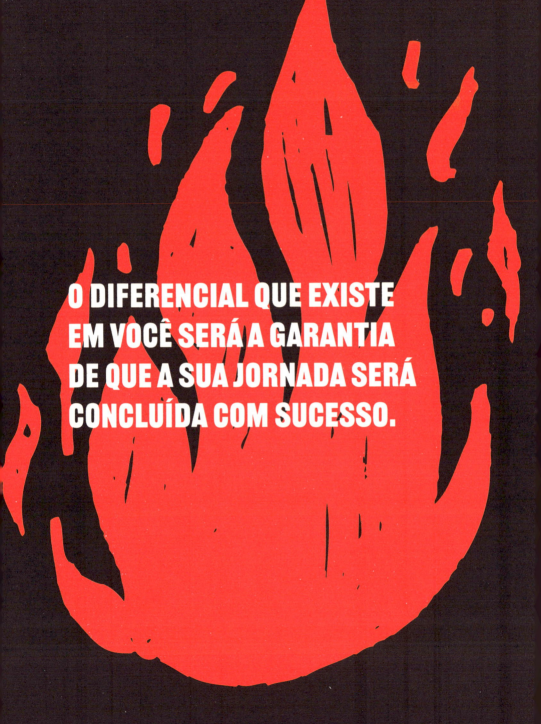

#REFLITA

Quero que você faça um exercício comigo agora.

Feche os olhos, mentalize a cidade em que mora; a sua origem; quem foi seu pai, quem foi sua mãe; sinta a sua altura, o seu corpo, a cor dos seus olhos, o seu cabelo; se seus pais foram presentes, se foram escolarizados.

Quem você é hoje não define quem você escolhe ser amanhã. Esse poder está em suas mãos. O que você foi até hoje é bagagem, é diferencial, e você pode tornar tudo isso positivo.

Não tenha vergonha de sua origem, de seu nome. Aprendi, recentemente, que vergonha é falta de confiança e, se pudesse ensinar uma única coisa para o meu filho, ensinaria ele a ter confiança. Você está aqui porque foi forte diante do que a vida lhe apresentou, portanto substitua a vergonha por fé, por inteligência, por orgulho. Assuma quem você é da maneira como você é.

Agora, diga em voz alta: "Esse é meu pai, essa é minha mãe, esse é meu trabalho, essa é minha condição, mas esse não é o meu destino".

Olhe para dentro e perceba como você é um vencedor. Lembre-se daquela sensação de ser criança e ter o mundo na palma das mãos, em que todo sonho era possível, e assuma essa sensação no momento presente.

Acredite, o Universo presenteou você com um talento único, com a sua digital nele, que é a chave para você manifestar o que há de melhor dentro de si. Portanto, assuma as coisas maravilhosas que pode construir e respire essa confiança em quem você é.

Você tem algo forte, então não o negligencie, não dê as costas para o seu talento, coloque-o como prioridade, trate-o com compromisso e com responsabilidade. A vida não é um sopro, mas ela passa, e o amanhã começa hoje. Uma vez que ela passe, não há como voltar. Então assuma com confiança o que você gosta de fazer, mantenha-se atento ao seu avanço, permaneça sempre no modo de aprendizagem e foque no presente.

Respire fundo e bata no peito, você é uma pessoa sensacional!

Assumir o seu verdadeiro talento e trabalhar quem você nasceu para ser é uma decisão irreversível. Não deixa espaço para o plano B. Você está aqui para executar e manifestar o seu talento.

Viva o agora, encha seu coração e sua alma dessa certeza. Comece pelo seu talento, sempre!

ASSUMA AS COISAS MARAVILHOSAS QUE PODE CONSTRUIR.

2

PROP
DEF

ÓSITO
NIDO

PROPÓSITO PARA GRANDES PERSONALIDADES DO MUNDO

Antes de mais nada, no início desta segunda parte, quero que você conheça o significado de propósito para grandes personalidades da História:

SE QUISER TER UMA VIDA PLENA, PRENDA-A A UM OBJETIVO, NÃO ÀS PESSOAS NEM ÀS COISAS.

ALBERT EINSTEIN

O OBJETIVO DA VIDA NÃO É SER FELIZ, É SER ÚTIL, HONRADO, COMPASSIVO, FAZENDO COM QUE NOSSA VIDA, BEM VIVIDA, FAÇA ALGUMA DIFERENÇA.

RALPH WALDO EMERSON

ESSA É A VERDADEIRA ALEGRIA NA VIDA, SER ÚTIL A UM OBJETIVO QUE VOCÊ RECONHECE COMO GRANDE.

GEORGE BERNARD SHAW

TODOS OS ANIMAIS, COM EXCEÇÃO DO HOMEM, SABEM QUE O PRINCIPAL OBJETIVO DA VIDA É USUFRUÍ-LA.

SAMUEL BUTLER

TODAS AS GRAÇAS DA MENTE E DO CORAÇÃO SE ESCAPAM QUANDO O PROPÓSITO NÃO É FIRME.

WILLIAM SHAKESPEARE

EMPENHAR-SE ATIVAMENTE PARA ALCANÇAR DETERMINADO OBJETIVO DÁ À VIDA SIGNIFICADO E SUBSTÂNCIA, QUEM QUISER VENCER DEVE APRENDER A LUTAR, PERSEVERAR E SOFRER.

BRUCE LEE

SEM A VISÃO DE UM OBJETIVO UM HOMEM NÃO PODE GERIR A SUA PRÓPRIA VIDA E MUITO MENOS A VIDA DOS OUTROS.

GENGHIS KHAN

UM OBJETIVO NA VIDA É A ÚNICA FORTUNA VALIOSA QUE SE ENCONTRA; NÃO SE DEVE PROCURÁ-LO EM TERRAS ESTRANHAS, MAS DENTRO DO CORAÇÃO.

ROBERT LOUIS STEVENSON

OS BOSQUES SÃO ADORÁVEIS, ESCUROS E PROFUNDOS; MAS EU TENHO PROMESSAS A CUMPRIR, E MILHAS A PERCORRER ANTES DE DORMIR.

ROBERT FROST

SE O OBJETIVO DA VIDA NÃO FOR O APRENDER, A VIDA TORNA-SE SEM OBJETIVO.

RICARDO MACEA

QUANDO UM SONHO SE TORNA UM OBJETIVO ELE JÁ COMEÇOU A SE REALIZAR.

RICARDO FLORES CAZNOVA

A FELICIDADE É O SENTIDO E O PROPÓSITO DA VIDA, O ÚNICO OBJETIVO E A FINALIDADE DA EXISTÊNCIA HUMANA.

ARISTÓTELES

SEU PROPÓSITO NA VIDA É ENCONTRAR UM PROPÓSITO E DEDICAR A ELE TODO O SEU CORAÇÃO E A SUA ALMA.

SIDARTA GAUTAMA (BUDA)

O PROPÓSITO DA VIDA É ENCONTRAR O MAIOR FARDO QUE VOCÊ PODE CARREGAR E CARREGÁ-LO.

JORDAN B. PETERSON

PRINCÍPIOS-CHAVE PARA TER UM PROPÓSITO DEFINIDO

AFINAL, O QUE É PROPÓSITO? SERÁ QUE É A MESMA COISA QUE LEGADO?

Ter um propósito significa ter um sentido para as suas ações diárias, para tudo o que você constrói. É algo alinhado à sua visão de futuro, sua estratégia de vida. Já o legado é o que você quer deixar para o mundo, é o resultado do que você constrói baseado em seu propósito.

PROPÓSITO É SUA MISSÃO COMO SER HUMANO. É O SEU NORTE. LEGADO É O QUE FICA DA HISTÓRIA.

O propósito está mais associado ao seu interior, é algo que você trata com si mesmo. Já o legado está conectado ao mundo exterior, ao que você deixa para as pessoas. É totalmente possível ter um belo propósito, mas não deixar nenhum legado, assim como deixar um legado sem ter um propósito definido. No entanto, quando você tem a definição do seu propósito, ele resulta no legado bem estruturado que pode ser aplicado por outros.

Agora, entenda: nem sempre você nasce com um propósito. Eu mesmo não tive essa sorte, não descobri o que vim fazer na Terra. Diante dessa situação, eu criei um propósito para mim. Tentei bastante, errei bastante também, até que chegou um momento que tive de tomar decisões difíceis.

Veja, como atleta, nunca pensei em parar de nadar, nem mesmo quando comecei a perder performance, tempo e ir mal nos campeonatos. É difícil aceitar que a vida profissional de um atleta é curta. Porém, nunca dependi apenas disso. Em 2007, aos 26 anos, eu estava no auge da minha carreira como atleta, já era professor universitário e era treinador. Porém, esse foi um ano que tive de tomar uma decisão complicada. Como é de se imaginar, com tanta coisa, eu não conseguia ser excelente nas três áreas. É impossível ser campeão brasileiro, o melhor professor da universidade e o melhor treinador ao mesmo tempo. Eu manifestava talento nessas três áreas, mas não conseguia continuar assim. Então eu desisti da minha carreira de nadador.

NÃO DÁ PARA ESPERAR UM RESULTADO 100% EM UMA ÁREA SE A GENTE COLOCA 40% DE ESFORÇO; NÃO DÁ PARA ESPERAR 100% DE RESULTADO SE A GENTE COLOCA 75% DE FOCO.

Para tomar essa decisão, precisei ter consciência de que seria algo irreversível, assim como clareza do que eu queria construir para o meu futuro. Tive de olhar para o meu propósito e defini-lo.

Eu chorei demais, claro, sofri muito com essa decisão, mas tive de fazer isso. Vivi muito a sensação de "será que estou fazendo certo? Será que dá tempo de voltar?", mas tive de ser forte no que havia escolhido para mim. O meu compromisso com o meu propósito devia ser maior do que os meus medos.

Ter um propósito significa se dedicar de coração e alma para algo em que você acredita profundamente. Ele não vai cair do céu no seu colo, você precisa defini-lo e ter certeza dele.

Jordan Peterson, autor de *12 regras para a vida,* diz que: "O propósito da vida é encontrar o maior fardo que você pode carregar e carregá-lo"![3] Nem todas as montanhas valem a pena serem escaladas, nem todas as batalhas valem a pena encarar; a vida é um fardo, a vida é bucha, a vida tem um monte de coisa que a gente precisa carregar e é você quem escolhe o que levar. É você quem decide, portanto, é o seu propósito sendo definido baseado naquilo que você acredita e pode executar.

Quando decidi lecionar, escolhi um fardo para carregar, e esse fardo era ser professor, com todas as vantagens e desvantagens da profissão. O salário de professor no Brasil, não só de Educação Física, é baixo. A hora de trabalho do professor de natação deve ser equivalente ao valor de um pastel na feira. Eu trabalhava para comer um pastel! Se quisesse comer pizza, precisava mudar: ser professor universitário.

Na área acadêmica, se fizer mestrado, vai ganhar mais, então fui fazer mestrado, fazer as especializações, me desenvolvi e consegui me tornar um profissional aos 25 anos. O professor de pós-graduação vai ganhar mais, mas ainda assim vai receber mais ou menos o que um trainee de Engenharia ganha. Ah, isso não me fez ir para Engenharia, mas meu pensamento era: *como posso enriquecer ensinando?*

Existem professores que ganham bem, mas são poucos, então o que eles estão fazendo? Não podia e não queria sair da minha área de domínio para fazer outra coisa apenas por conta do dinheiro. Tinha de encontrar o dinheiro na área em que pudesse ter propriedade.

---

3 PETERSON, J. B. *12 regras para a vida*: um antídoto para o caos. Rio de Janeiro: Alta Books, 2018.

Sou da Educação Física, sou um cara de três reais a hora, trabalhei durante sete anos sem registro na carteira. Precisava girar essa roda.

Como poderia enriquecer aqui? Tem gente que deixa de ser professor não por outro motivo do que o dinheiro. Muita gente deixa de cantar, não por falta talento, mas porque não tem recursos e vai buscar coisas que dão grana. Muita gente muda de profissão por conta do dinheiro, e é um motivo justo, mas não funcionava para mim, porque eu entendia o meu talento naquela área, eu tinha dado duro para me tornar um profissional qualificado e não queria jogar tudo fora por conta de ser desvalorizado.

Em geral, quem corre apenas atrás do dinheiro pula de galho em galho e se torna uma pessoa infeliz, mesmo com dinheiro no bolso. Então eu decidi ir pelo caminho mais difícil: encontrar uma maneira de criar dinheiro de onde eu estava.

Na época eu não sabia, mas há uma rega interessante sobre o dinheiro que está diretamente conectada com o propósito: quem mais ganha dinheiro no mundo não fala sobre como ganhá-lo, mas sobre ideias, projetos, planos. É o processo de criação que traz a remuneração, não a ganância. Meu grande dilema era por onde começar. Eu já havia desenvolvido o meu talento, então precisava agora trabalhar o meu propósito.

RODA DO PROPÓSITO DEFINIDO

O processo que me ajudou a definir e trabalhar o meu propósito com sucesso financeiro naquela época é uma estrutura bem parecida com o Sistema Solar, pois existem esferas que orbitam em harmonia para que tudo funcione.

O CÍRCULO DO PROPÓSITO DEFINIDO

Nessa estrutura, temos quatro níveis relacionados ao propósito:

1. **TALENTO:** tudo aquilo em que sou bom. Lembra? Antes do propósito, vem o talento. É a primeira coisa a definir;

2. **COERÊNCIA:** de nada adianta querer uma coisa e fazer outra. Aqui é preciso encontrar o que faz sentido para você e agir de acordo com isso;

3. **DEFINIÇÃO:** eu penso como um jardineiro, mas trabalho como um carpinteiro, essa é a minha maneira. Eu semeio e rego o que planto, depois da colheita eu tiro os excessos, dou formato. Aqui é a sua forma de agir;

4. **LEGADO:** é o que você deixa para o mundo. Eu hoje já construí um legado, que continua em desenvolvimento. Aqui você entende o que quer deixar com a sua marca.

#REFLITA

Agora é a sua vez. Analise os quatro pontos apresentados anteriormente e preencha a matriz abaixo com notas de 0 a 10 em cada campo de acordo com a sua satisfação no desenvolvimento de cada área:

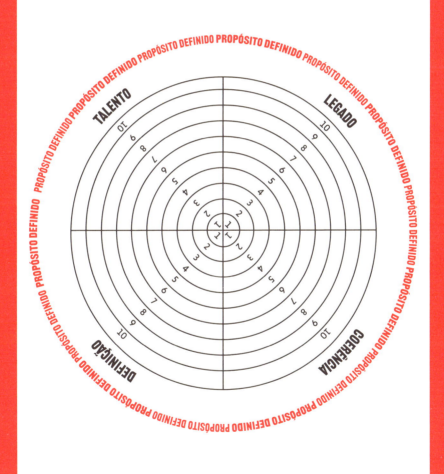

UM CAMINHO SEGURO

Até aqui você já deve ter percebido como a minha alma de professor me faz pesquisar muitas fontes externas relevantes que me ensinem lições valiosas. Agora, quero apresentar para você a teoria de um cara muito interessante. Robert Dilts, um dos percussores da Programação Neurolinguística (PNL), muito utilizada atualmente, desenvolveu **A pirâmide dos níveis neurológicos**[4] com o objetivo de ilustrar a hierarquia neurológica do ser humano para a compreensão e importância do desenvolvimento da missão, do propósito, da visão, dos valores e do legado, pontos que auxiliam a dar sentido na vida, potencializar resultados e realizar sonhos de uma forma alinhada e congruente.

Essa estrutura nos apresenta cinco níveis que podemos avaliar e relacionar com o modo como conectamos razão e emoção em nossas escolhas e valores. Ter esse conhecimento pode auxiliar você a encarar o seu propósito, e tudo o que o envolve, de maneira mais acertada e racional.

> **NÍVEL 1 – AMBIENTE:** é tudo o que é externo, como lugares que frequentamos e pessoas com quem convivemos. o que está fora sempre impacta o interior, mesmo que você não perceba;

---

4 OLIVEIRA, R. D. Pirâmide de níveis neurológicos e o coaching. *Megaplay Coaching*. Disponível em: https://www.megaplaycoaching.com.br/blog/piramide-de-niveis-neurologicos-e-o-coaching/. Acesso em: 11 out. 2021.

NÍVEL 2 – COMPORTAMENTO: são as ações diárias, aquelas reações automáticas em relação ao que o ambiente nos causa. aqui, por exemplo, entra o seu modo de reagir ao seu círculo de amizades, ou no meio profissional;

NIVEL 3 – CAPACIDADES E HABILIDADES: tudo o que somos capazes de fazer, como seu talento, suas receitas gastronômicas, seus desenhos etc;

NÍVEL 4 – CRENÇAS E VALORES: o por quê das suas ações diárias. é comum fazermos tudo para satisfazer nossos valores pessoais e aquilo em que acreditamos. aqui está a nossa verdade pessoal, aquilo que nos guia rumo às nossas atitudes;

NÍVEL 5 – IDENTIDADE: aqui entra a maneira como você se enxerga. quem é você como pai, como filho, como profissional. essa é a imagem que você tem de si mesmo.

Esses níveis reunidos formam a sua maneira de agir, enxergar e responder na sua rotina. Eles o guiam sem que você perceba, mas são fundamentais para o seu desenvolvimento. Assim, quando você tem um propósito definido, precisa se atentar a essa estrutura e verificar as respostas que o estão guiando no caminho que deseja trilhar. Existe alguma questão que precisa ser ajustada? É aqui que você vai enxergá-la.

O SISTEMA DO PROPÓSITO DEFINIDO

Até este momento, você entendeu como funciona o propósito e como ele pode auxiliar em sua vida. Agora, é a hora de pegar o seu propósito definido e colocá-lo num sistema prático executável.

Existe uma regrinha que nos mostra que pessoas medíocres possuem metas, mas pessoas de alta performance possuem metas **e** métodos. De nada adianta querer chegar a algum objetivo sem saber como o fará, ficar andando no escuro só vai te levar pro precipício. Agora, você já percebeu, eu não faço o trabalho pela metade; então, em meus treinamentos, eu complemento essa máxima e adiciono mais um passo, o marco. Tudo isso leva você diretamente para a construção de um legado.

Veja, no momento em que estou escrevendo este livro, tenho como meta colocar 50 mil pessoas no Allianz Parque para o Treinamento Hora H. É um evento meu anual que está em crescimento e essa é a marca para a qual estou trabalhando no momento. Vou usar esse meu exemplo pessoal para ilustrar todo o processo desse sistema para você.

META

Aqui você pode definir os principais pontos de sua meta.

O quê? – Você precisa responder qual é a sua meta. No meu caso, colocar 50 mil pessoas no Allianz Parque no meu evento Hora H;

Quando? – Ter um prazo definido é extremamente importante. Para mim é o dia 23 de abril de 2022;

Por quê? – Sempre existe um motivo por traz de nossas metas. O meu é porque acredito que isso vai manifestar o talento do maior número de pessoas que consigo concentrar em um só local neste momento de minha carreira;

Como? – Aqui é importante refletir como você vai concretizar essa sua motivação. Podem ser plataformas, ferramentas, mas, para mim, será a partir do Treinamento Hora H;

Quem? – Será um processo apenas com você ou terá de outras pessoas? Eu vou trabalhar com convidados especiais no meu treinamento, grandes nomes do mercado que trazem conhecimento e valorização para o meu processo;

Quanto? – Aqui é preciso entender quanto você vai precisar para concretizar essa meta. São os recursos físico, humano e de produção. No meu caso, quero que seja um evento acessível para as pessoas, então preciso criar um orçamento inteligente;

Onde? – Seja on-line ou off-line, você vai precisar de um local, um link, para realizar a sua meta. O meu será no Allianz Parque, localizado na cidade de São Paulo.

MÉTODO

Aqui você vai estudar e desenvolver o método com o qual vai concretizar a sua meta. Ele passa por alguns passos:

1. PLANO

a) **Local** – Características do local, acessibilidade, se é grande o suficiente, assentos com encosto, alvarás; todas as características ou virtudes do espaço;

b) Conhecimento – É o que preciso ter sobre segurança, marketing, vendas, limitação de pessoas. Não é o conhecimento sobre o conteúdo, isto eu já tenho, só vou refinando. Preciso de todo o conhecimento que eu não tenho.

No meu caso, preciso trabalhar o conhecimento para colocar 50 mil pessoas em um único espaço. É algo que desejo, mas ainda não sei completamente como fazer. Talvez você queira uma coisa que não tem; e por conta das incompetências, das incapacidades, das limitações que tem hoje, é que você comprou este livro. Essa também é a minha realidade. Tem coisas que eu não sei fazer e uma delas é como reunir 50 mil pessoas em um estádio.

2. TREINAMENTO

Para executar este método, você vai precisar de algum treinador? Pode ser um curso, uma pessoa, uma empresa... o que será treinado aqui? Eu, por exemplo, preciso me informar a respeito do Corpo de Bombeiros para eventos de grande lotação. Eu não sei quais são os cuidados necessários e preciso aprender.

3. ATITUDE

Aqui é preciso fazer um simulado da situação que você deseja promover. Eu, por exemplo, preciso testar as luzes, o som, as conexões locais.

É preciso validar se a sua meta vai funcionar no mundo real, fazer ajustes e alinhar para que tudo funcione corretamente.

Nesse caminho, estou construindo treinamentos com 5 mil pessoas, com 10 mil pessoas, para sentir como é o comportamento conforme o público aumenta, do que ele precisa e como posso atender a essa demanda.

Feito tudo isso, você tem uma metodologia.

MARCO

Considero um marco aquele momento em que você recebe um feedback e consegue metrificar para seguir adiante. Aqui você pode fazer pesquisas, entender qual será o próximo desafio e ajustar o que for preciso.

Eu, por exemplo, estou treinando para o Ironman. Para isso, estou participando de provas menores.

Quais são os momentos que vou metrificar? Por exemplo: estou treinando para um Ironman, e sábado que vem será meu simulado de um *short* triatlo; não é a prova completa, será um treino.

A partir dessa participação, vou metrificar a minha performance, qualificar um feedback e entender como estou evoluindo. Com base nisso, poderei fazer o feedfoward, que é entender o passo seguinte de meu crescimento. A mesma coisa nos eventos menores: eu posso coletar feedback dos participantes, estudar o que deu certo com a equipe, com os equipamentos, com o local, e estudar o que será preciso ajustar para um público maior. Você só saberá o que precisa quando souber o que deu certo ou deu errado.

PASSADOS ESSES PONTOS, TEMOS UM PROPÓSITO DEFINIDO! AGORA VOCÊ PODE USAR ESSE SISTEMA PARA ESTRUTURAR O SEU.

LEGADO

Já expliquei o significado de legado para você. Ele começa no talento, depois vem para a realização definida do que você deseja. É o seu resultado, e meu pai me ensinou que nunca podemos culpar ninguém pelos nossos resultados. Foi o legado que ele deixou para mim: autorresponsabilidade, disciplina e determinação para construir a minha história.

Quando faleceu, meu pai deixou para trás um patrimônio para mim, minha mãe e meus irmãos. Mas também nos deixou muitos princípios para que a gente possa multiplicar esse patrimônio, dar sequência no que ele construiu, tanto material como intelectual, neste mundo.

O meu filho, por exemplo, já nasceu num ambiente de patrimônio garantido, mas de que adianta isso se eu não passar adiante os princípios que aprendi com meu pai e que desenvolvi em minha vida?

O meu pai deixou o trabalho da vida toda, para meus irmãos e para minha mãe. Quando morrer, ela vai deixar todo o patrimônio para os filhos. Eles deixarão princípios, que vão fazer com que o patrimônio seja multiplicado.

Também não adiantaria de nada deixar apenas princípios, mas nenhum patrimônio para ajudar. O que precisamos entender nessa relação é que o nosso legado é um mix disso tudo, e que é ideal construirmos um legado que faça esse equilíbrio. O dinheiro não traz felicidade, mas paga o que ela consome. Já a riqueza é encontrar o equilíbrio a partir do que construímos com o nosso trabalho.

Uma vez fiz uma *live* com o Daniel Alves, jogador de futebol. O cara é famoso, rico, já recebeu dezenas de títulos no esporte, mas teve uma história de batalha na infância. Ele saiu de um ambiente de pobreza, sem grandes recursos. Porém, os filhos dele já nasceram em outra realidade, com outro aparato. Diante disso, perguntei para ele o que podemos fazer por nossos filhos quando eles já nascem em um ambiente saudável financeiramente.

Ele me disse: "Ensino a importância do processo. Muita empresa quebra ou é herdada pelos filhos, mas eu desenhei as minhas empresas para serem vendidas. Então eu falo para o meu filho que ele precisa começar a pensar no patrimônio que ele próprio vai querer construir, não no que ele vai herdar de mim".

E é isso que eu espero que você construa a partir do que aprendeu aqui, o seu propósito definido a fim de estabelecer um legado lá na frente. Meta, método, marco para alcançar o legado: esse é o caminho, o seu compromisso daqui em diante. O sucesso é treinável, basta você decidir começar.

A RIQUEZA É ENCONTRAR O EQUILÍBRIO A PARTIR DO QUE CONSTRUÍMOS COM O NOSSO TRABALHO.

#REFLITA

Agora quero que você crie o seu próprio sistema de propósito definido a partir do modelo a seguir:

META	
ESPECIFICAÇÕES	
O QUÊ	
QUANDO	
POR QUÊ	
COMO	
QUEM	
QUANTO	
ONDE	

MÉTODO

PLANO		TREINAMENTO		ATITUDE	
COMPONENTES	VIRTUDE / CARACTERÍSTICA	COMPONENTES	VIRTUDE/ CARACTERÍSTICA	COMPONENTES	VIRTUDE/ CARACTERÍSTICA
LOCAL		ALUNO		TESTES	
CONHECIMENTO		TREINADOR		SIMULADOS	
		TREINO		DIA D	
				A HORA H	

COMPONENTES	VIRTUDE / CARACTERÍSTICA
METRIFICAR	
FEEDBACK	
FEEDFOWARD	

MARCOS

LEGADO

PRINCÍPIOS	PATRIMÔNIO

3

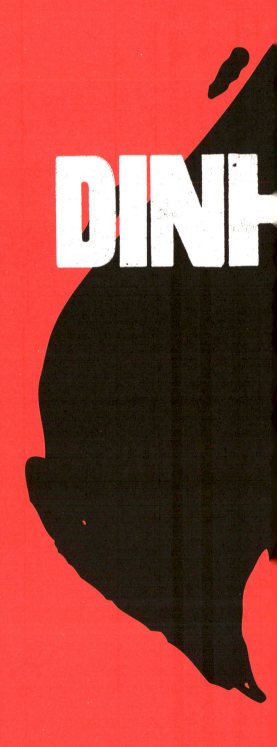

EIRO

PRINCÍPIOS SOBRE O DINHEIRO

O DINHEIRO NADA MAIS É DO QUE A CONDIÇÃO DIGNA PARA A VIDA.

Quando falo sobre dinheiro, falo sobre um processo que precisei estudar muito para compreender e desenvolver. Ninguém cria dinheiro se não entender dele, e, por grande parte de minha vida, aprendi sobre o dinheiro mais pelo exemplo de meus pais do que pela teoria.

Como você sabe, sou professor de Educação Física, ex-atleta de natação, cresci em Santos, SP, meus pais eram nordestinos, meu pai era negro, minha mãe é branca. Ela estudou até a quinta série, ele até o segundo colegial. Minha mãe nunca trabalhou fora, sempre cuidou de nós, carinhosamente e muito presente. Meu pai saiu de Mariri, no interior de Sergipe, que tem 9 mil habitantes, município em que meus avós viviam de pesca, para tentar ganhar a vida. Tem sete irmãs, era o único homem, e já trabalhava aos 9 anos.

Meus pais tiveram uma vida dura, assim como a maioria dos brasileiros tem hoje. Já meus irmãos e eu tivemos uma vida muito boa. Sempre estudamos em colégio particular, sempre tivemos oportunidades. Nunca precisei trabalhar enquanto criança e fiz natação, que é um esporte de elite, pois demanda material, mensalidade, local adequado, treinamento especializado... Meus pais nos proporcionaram muitas oportunidades.

Quando minha irmã, eu e meu irmão tínhamos 17, 14 e 10 anos respectivamente, meu pai deu uma guinada e começou a ganhar melhor. Morávamos num apartamento de 50 metros quadrados, fomos para um de 180 metros quadrados, que é onde a mãe vive até hoje. Nessa época, comecei a conviver com pessoas mais prósperas, e hoje entendo como meus pais conseguiram mudar a realidade da nossa vida em um ambiente diferente.

Meu pai conseguiu, com o trabalho CLT, pois ele não era empresário, me ensinar a ser econômico. Ele nunca sentou-se na minha frente para falar sobre dinheiro, me ensinar, mas as suas atitudes, os seus princípios, começaram a formar em mim uma consciência a respeito do assunto.

Foi a partir do uso inteligente do dinheiro exercido pelos meus pais que mudamos para um ambiente melhor, que recebemos uma educação melhor do que a média, que pude praticar um esporte de elite e, inclusive, tive a oportunidade de passar três semanas nos Estados Unidos numa clínica de natação aos 14 anos.

Deixar um patrimônio financeiro para os filhos sempre foi a prioridade de meus pais, é responsabilidade sua fazer isso pela sua família também. O seu trabalho, o seu talento, o seu propósito precisa se transformar em alguma coisa concreta, que lhe garanta oportunidades desejáveis.

Falar sobre dinheiro é importante, entender o seu idioma e saber cultivá-lo de maneira inteligente vai garantir um patrimônio para você, o que é essencial para ter uma vida de qualidade. Não importa a sua idade, você precisa observar três leis da vida:

1. **Se você for negligente com os seus relacionamentos, você vai machucar as pessoas e a si mesmo;**

2. **Trabalho não é coisa para crianças, trabalho é para gente adulta. O adulto trabalha para dar oportunidade para a criança;**

3. Se você trata o seu dinheiro com negligência, você vai pagar o pato.

O seu dinheiro é reflexo dos seus atos. Minha mãe nunca leu um livro de finanças, nunca leu Thiago Nigro, Robert Kiyosaki ou outros nomes que hoje temos no mercado, mas ela me deu um princípio requintado sobre dinheiro: quem guarda tem, quem não guarda fica sem.

Claro, depois fui aprender a fazer o dinheiro trabalhar a meu favor. Hoje sou muito próximo do Primo Rico e aprendi muita coisa com esse cara. Porém, desde sempre, tive esse pensamento de meus pais, de trabalhar o dinheiro de maneira inteligente para me trazer recursos de escola, de moradia, para expandir meus horizontes.

Eu me transformei em uma pessoa que tem liberdade e pros-peridade financeira, saindo de uma vida adulta que me pagava o suficiente para comprar um pastel e chegando aonde estou agora, esquematizando 50 mil pessoas em um evento. E se você mudar a sua forma de agir, sentir e pensar, também poderá ter essa realidade.

Dinheiro é muito importante, tem coisas que ele não com-pra, mas ele nos garante melhor qualidade de vida. Ele pode não te comprar saúde, mas vai pagar um bom hospital, por exemplo. Esse é o mundo em que vivemos e precisamos ser diretos sobre isso. Falar sobre dinheiro não é feio, é necessário.

A riqueza virá do seu trabalho desenvolvido com seu talento e com propósito definido. Isso é um trabalho inteligente, e quero mostrar aqui para você que é possível ser mais esperto em relação ao dinheiro e ser recompensado em proporção ao seu esforço – e isso vai acon-tecer quando você parar de vender a sua hora e começar a vender o seu resultado!

DINHEIRO PARA GRANDES PERSONALIDADES DO MUNDO

O DINHEIRO NÃO TRAZ FELICIDADE PARA QUEM NÃO SABE O QUE FAZER COM ELE.

MACHADO DE ASSIS

QUANDO EU ERA JOVEM, PENSAVA QUE O DINHEIRO ERA A COISA MAIS IMPORTANTE DO MUNDO. HOJE, TENHO CERTEZA.

OSCAR WILDE

O AMIGO DEVE SER COMO O DINHEIRO, CUJO VALOR JÁ CONHECEMOS ANTES DE TERMOS NECESSIDADE DELE.

SÓCRATES

SE O DINHEIRO FOR A SUA ESPERANÇA DE INDEPENDÊN-CIA, VOCÊ JAMAIS A TERÁ. A ÚNICA SEGURANÇA VERDADEIRA CONSISTE NUMA RESERVA DE SABEDORIA, DE EXPERIÊNCIA E DE COMPETÊNCIA.

HENRY FORD

O COFRE DO BANCO CONTÉM APENAS DINHEIRO; FRUSTRA-SE QUEM PENSAR QUE LÁ ENCONTRARÁ RIQUEZA.

CARLOS DRUMMOND DE ANDRADE

O DINHEIRO É UMA FELICIDADE HUMANA ABSTRATA, POR ISSO AQUELE QUE JÁ NÃO É CAPAZ DE APRECIAR A VERDADEIRA FELICIDADE HUMANA DEDICA-SE COMPLETAMENTE A ELE.

ARTHUR SCHOPENHAUER

O DINHEIRO NÃO DÁ FELICIDADE, MAS PAGA TUDO O QUE ELA GASTA.

MILLÔR FERNANDES

O DINHEIRO NÃO É TUDO, NÃO SE ESQUEÇA TAMBÉM DO OURO, DOS DIAMANTES, DA PLATINA E DAS PROPRIEDADES.

TOM JOBIM

MUITOS SABEM GANHAR DINHEIRO, MAS POUCOS SABEM GASTÁ-LO.

HENRY DAVID THOREAU

O DINHEIRO NÃO SÓ FALA, COMO FAZ MUITA GENTE CALAR A BOCA.

MILLÔR FERNANDES

DINHEIRO É UM NEGÓCIO CURIOSO, QUEM NÃO TEM ESTÁ LOUCO PARA TER, QUEM TEM ESTÁ CHEIO DE PROBLEMAS POR CAUSA DELE.

AYRTON SENNA

O DINHEIRO É A COISA MAIS IMPORTANTE DO MUNDO, REPRESENTA: SAÚDE, FORÇA, HONRA, GENEROSIDADE E BELEZA; DO MESMO MODO QUE A FALTA DELE REPRESENTA: DOENÇA, FRAQUEZA, DESGRAÇA, MALDADE E FEALDADE.

ARTHUR SCHOPENHAUER

SE UM AMIGO TE PEDE DINHEIRO, PENSA BEM QUAL DOS DOIS PREFERES PERDER: O DINHEIRO OU O AMIGO?

MARK TWAIN

O DINHEIRO NÃO NOS TRAZ NECESSARIAMENTE A FELI-CIDADE, UMA PESSOA QUE TEM 10 MILHÕES DE DÓLARES NÃO É MAIS FELIZ DO QUE A QUE TEM SÓ 9 MILHÕES.

H. BROWN

DINHEIRO É COMO ÁGUA DO MAR: QUANTO MAIS VOCÊ TOMA, MAIOR É SUA SEDE. O MESMO SE APLICA À FAMA.

ARTHUR SCHOPENHAUER

EU GOSTARIA DE VIVER COMO UM POBRE, MAS COM MUITO DINHEIRO.

PABLO PICASSO

O QUE O DINHEIRO É CAPAZ DE FAZER EM NOSSA VIDA

O conhecimento abre a nossa visão, como quando desembaçamos um vidro que está tomado por vapor e conseguimos enxergar aquilo que estava à nossa frente com maior clareza. As formas são definidas, as cores, vibrantes, e conseguimos medir a que distância estamos daquilo que almejamos. Isso porque, quando tomamos consciência de uma questão necessária para nossa vida, deitamos num travesseiro mais macio, e foi justamente o que aconteceu comigo alguns anos atrás em relação ao dinheiro.

Eu estava no Instituto Neymar quando conheci um cara que fez uma virada na minha cabeça. Era 2017 e eu havia acabado de conhecer o Thiago Nigro, e aproveitei o contato para perguntar como ele me classificaria em apenas uma palavra. Ele respondeu: "Desperdício! Um cara com o seu conhecimento, sua sabedoria, e não está rico? O que você está fazendo da vida?".

Imagine como me senti ao ouvir isso. Uma porrada dessas diretamente na cara. Aquilo me irritou profundamente, tocou em um ponto de fragilidade que eu já sabia que precisava melhorar, e diante desse feedback tão sincero, eu escolhi ser forte.

A questão é que você pode pensar que o Thiago foi bruto comigo, mas a verdade é que somos todos adultos aqui, e o papo precisa ser sério. Se chegamos até a vida adulta sem saber fazer dinheiro, precisamos aprender a olhar para a grana e entender como é possível aumentá-la, fazê-la trabalhar para você em vez de você trabalhar por ela. Aprender sobre patrimônio, investimento, vai fazer com que você valorize o que faz no dia a dia e seja reconhecido.

Depois disso, comecei a estudar muito e mudei a minha relação com o dinheiro, principalmente o meu modo de pensar sobre ele. Descobri, então, que existe uma mentalidade comum às pessoas que obtêm maior sucesso financeiro, assim como uma mentalidade para aqueles que, como eu na época, brigam para conquistar o dinheiro mensal e, ainda assim, não conseguem subir de patamar.

Aqui vou compartilhar com você essa mentalidade:

DIFERENÇAS ENTRE MENTALIDADE RICA E MENTALIDADE POBRE:

AS PESSOAS COM MENTALIDADE RICA	AS PESSOAS COM MENTALIDADE POBRE
ACREDITAM QUE CRIAM DINHEIRO	ACREDITAM QUE EM SUA VIDA AS COISAS ACONTECEM SOZINHAS
ENTRAM NO JOGO PARA GANHAR	ENTRAM EM JOGO PARA NÃO PERDER
PENSAM GRANDE	SONHAM GRANDE
FOCAM EM OPORTUNIDADES	FOCAM NOS OBSTÁCULOS
ADMIRAM OS RICOS	SENTEM INVEJA DOS RICOS
GOSTAM DE PROMOVER	NÃO GOSTAM DE PROMOÇÃO
PREFEREM SER REMUNERADAS PELO RESULTADO	PREFEREM SER REMUNERADAS PELO TEMPO
PENSAM QUE PODEM TER DUAS COISAS	PENSAM QUE SÓ PODEM TER UMA COISA OU OUTRA
FOCAM O PATRIMÔNIO LÍQUIDO	FOCAM A RENDA MENSAL
FAZEM O DINHEIRO TRABALHAR PARA ELAS	TRABALHAM DURO PELO DINHEIRO
APRIMORAM-SE O TEMPO TODO	ACHAM QUE SABEM DE TUDO

Gosto muito de assistir a filmes e séries, e tem um que ilustra muito bem essa questão da mentalidade. No filme *Whiplash,* conhecemos um mestre de bateria que treina um jovem que sonha em ser o melhor baterista do mundo. Esse treinador joga duro com o jovem, mas em um certo momento é demitido depois de ofender o pai do garoto. Nessa discussão, o treinador diz que, se o garoto deseja realmente se tornar o melhor, ele não vai desistir nunca.

Essa é a atitude que quero mostrar para você aqui: quem deseja algo de verdade não para diante do primeiro obstáculo, nem do centésimo. Então acredite que você pode mudar a sua relação com o dinheiro, comece a trabalhar a sua mentalidade, estude, e você sentirá como a sua vida vai mudar.

A seguir podemos ver algumas características e competências dessas pessoas com mentalidade rica que você pode começar a incorporar em sua vida.

As principais características das pessoas com mentalidade rica:

- **Arriscam-se;**

- **São ambiciosas;**

- **Não reprimem seus instintos;**

- **Acreditam nas ideias e agem rapidamente;**

- **Fazem autoavaliação constante;**

- **Criam sua mente mestra;**

- **Transformam medo em avanço.**

As principais competências das pessoas com mentalidade rica:

- **Capacidade para mudar;**

- **Competitividade;**

- **Amar fazer negócios;**

- **Coragem;**

- **Visão;**

- **Conhecimento;**

- **Performar fora da zona de conforto;**

- **Adaptabilidade.**

POR QUE O DINHEIRO É IMPORTANTE

Como já falei anteriormente, o dinheiro tem em nossa vida o papel de facilitador: ele compra o que queremos e nos traz maior liberdade, nos deixa mais tranquilos em relação às questões de sobrevivência básica e nos entrega conforto. Uma pessoa com dinheiro tem a capacidade de performar melhor justamente porque seu poder monetário garante que ela possa ter mais tempo, pagar treinadores, cursos, viajar para conhecer outros modos de pensar e o que mais puder imaginar, enquanto quem não tem esse dinheiro passa grande parte de seu tempo com a cabeça nas contas, sem acesso aos melhores recursos.

É justamente por isso que você deve aprender qual é a ordem de importância do dinheiro na vida:

Necessidade: O dinheiro tem o poder de comprar o que queremos e proporcionar uma vida abundante, e esse é o principal desejo das pessoas que querem fazer dinheiro ou estão começando nessa jornada.

Autoridade: As pessoas que já têm dinheiro suficiente para se sentirem livres e ter uma vida abundante começam a buscar o reconhecimento social a partir de vários meios.

Impacto: As pessoas que já possuem autoridade começam a trabalhar com um novo olhar para o dinheiro, buscando causar impacto na vida dos outros. Por isso, muitos bilionários têm projetos sociais e filantrópicos.

E esses três aspectos formam a pirâmide do dinheiro:

O interessante sobre uma pirâmide é que você não pode inverter a sua ordem, ela mostra que as regras do jogo não mudam e, quando temos uma pirâmide invertida, ela indica desequilíbrio. Então é importante sempre perceber se ela está no formato correto.

Nesse sentido, a primeira coisa que você precisa conquistar é a base da pirâmide, conhecida como **necessidade**. Além de se sustentar, você precisa suprir outras necessidades que o dinheiro pode proporcionar.

Depois, você entrará na fase de **autoridade**, que é quando você buscará pela liberdade financeira, social e geográfica, para assim adquirir reconhecimento social.

Por último, você chegará ao topo, na fase do **impacto**, que é quando buscará impactar vidas a partir do dinheiro, ajudar pessoas, criar projetos sociais.

Não inverta a ordem, esse é o caminho.

#REFLITA

1. **Em qual área da pirâmide você está?**
   a) Necessidade
   b) Autoridade
   c) Impacto

2. **O que precisa agora?**
   a) Potencializar o processo
   b) Desenvolver raízes fortes
   c) Sobreviver a longo prazo
   d) Aproveitar oportunidades
   e) Desenvolver qualidade

3. **Descreva como será o seu plano de ação para realizar esse processo:**

_____

_____

_____

_____

_____

_____

_____

_____

_____

_____

_____

_____

_____

_____

_____

_____

_____

IDIOMA DO DINHEIRO

Quando pensamos no idioma do dinheiro, precisamos entender que ele se comunica de três maneiras específicas que, ao fazerem parte do seu repertório, começam a trazer significado para a sua relação com o mundo financeiro:

1. **VALOR:** ajuda você a fazer o que for necessário da melhor maneira, num prazo mais curto, e também entrega a possibilidade de multiplicação do que se realiza;

2. **VALORIZAÇÃO:** ajuda no processo de valorização do que se faz e de quem se é. Muda o olhar das pessoas em relação a você;

3. **VISIBILIDADE:** ajuda você a atingir mais pessoas e a criar relacionamentos estratégicos para seu desenvolvimento. As pessoas vão querer ter você por perto.

PESSOAS VS. DINHEIRO – UM RELACIONAMENTO DE MUITAS FACES

Ao tratar com o dinheiro, conseguimos perceber como as pessoas se comportam em relação a ele. São perfis que podemos definir em quatro etapas, e com certeza você vai reconhecer eles em algumas pessoas do seu círculo social – e até em si mesmo:

- **AS EGOÍSTAS:** só gostam de ganhar e, quando compram um presente, encaram como uma obrigação e procuram o mais barato possível;

- **AS SOBERBAS:** aquelas que doam, mas sentem dificuldade em receber;

- **AS ESTÉREIS:** sentem dificuldade em dar e receber;

- **AS PRÓSPERAS:** aquelas que sabem dar e receber em harmonia.

Esses perfis dependem muito dos valores de cada um, mas, como veremos no capítulo a seguir, saber dar e receber na mesma proporção é o que mantém o ciclo funcionando de modo harmonioso e próspero.

PENTAGRAMA DA SEMEADURA

Já falei aqui neste livro que eu penso como um jardineiro. Tudo o que aprendi até hoje me mostrou que, na vida, para obter o que você deseja no futuro, é preciso começar hoje. Mas não basta implementar agora e largar mão, é preciso cuidar de vários fatores para que a coisa se fortaleça e vingue.

Quando digo que é preciso ser um jardineiro, significa que toda semente carrega em si um grande potencial, mas potencial por si só não é o suficiente. São necessárias condições básicas, ambiente e tempo dedicado para a semente de um fruto manifestar o seu potencial, se transformar em uma muda e depois em uma árvore grande e forte, que produzirá tantos outros frutos.

A relação é a mesma no mercado de investimento. É necessário a estrutura, o ambiente, a disciplina de fazer todos os dias o trabalho correto, o tempo e o melhor terreno para plantar, semear e colher as melhores frutas.

A partir desse conhecimento, criei o Pentagrama da Semeadura, que faz a relação entre a semente e o dinheiro, ambos com potencial enorme de serem transformados em uma máquina de produzir riqueza e prosperidade na vida de qualquer pessoa.

Esse esquema é uma estrutura para você trabalhar cada etapa do processo para transformar a sua semente potencial em uma plantação vasta e rica. É importante ter em mente que cada ponto não trabalha sozinho, mas em conjunto.

SEMENTE (PESSOAS)

São todas as pessoas que querem desenvolver seu talento, que têm potencial de aprendizado e de transformar a própria vida e a de suas famílias a partir de um propósito definido. Aqui, ter educação financeira fortalece a semente e faz a diferença entre ela germinar ou não.

UMIDADE (DOSE)

Uma terra muito úmida ou muito seca prejudica o germinar de uma semente. No mundo do dinheiro é a mesma coisa: excesso de informação faz com que a pessoa se afogue num mundo de elementos desnecessários, mas a escassez produz a mesma coisa. Assim, é necessário ter equilíbrio.

SOLO (AMBIENTE)

Nenhuma pessoa obterá sabedoria financeira se plantar as sementes em solo infértil. Ambiente certo, conhecimento, atitudes e habilidades devem ser constantemente atualizados como se fossem um adubo. Além disso, é importante testar o solo em que vamos plantar.

PROFUNDIDADE (CONHECIMENTO)

Sem profundidade, uma árvore não cresce com força nem estrutura o suficiente para enfrentar as intempéries do clima. Os recursos, como a terra, além de serem férteis, também devem ter a profundidade correta para beneficiar a semente. Conhecimentos rasos e sem robustez farão com que as decisões sejam piores e gerem muito risco.

ORIGEM (PRINCÍPIOS)

É como a semente se enxerga. Não importa de onde ela vem, mas para onde ela está indo, porém é preciso ter consciência disso. É como você se autodenomina, seu propósito e sua verdadeira missão.

ÉPOCA (QUANDO)

Nenhuma semente germina em todas as épocas do ano e de maneira ininterrupta. As estações do ano fazem parte do processo, e no mundo do dinheiro acontece da mesma maneira.

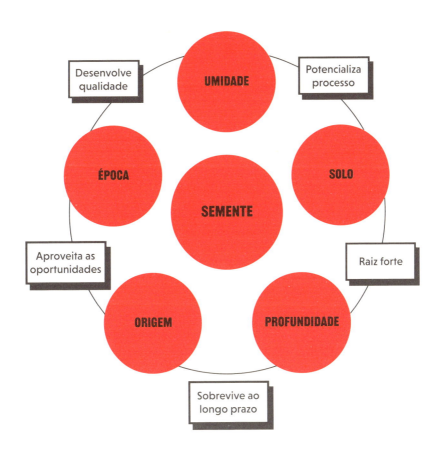

Esse pentagrama não segue um percurso linear, ele trabalha com todas as partes em conjunto, isso é o que torna tão poderoso e sustentável.

UNIÃO DOS COMPONENTES DO PENTAGRAMA	O QUE ACONTECE NA SEMEADURA	O QUE ACONTECE NO MUNDO DOS INVESTIMENTOS
Umidade + solo	Potencializa processo	Potencializa o processo de ter retornos financeiros no mundo dos investimentos sem perder a qualidade. É sobre velocidade e direção, não pressa e afobação.
Solo + profundida	Desenvolve raiz forte	De dados específicos e robustos, o investidor começa a tomar decisões baseadas em conhecimentos e não em conselhos de pessoas, empresas e informações pouco confiáveis.
Profundidade + origem	Sobrevive a longo prazo	O investidor fica imune às variações no mercado, passa por crises sem risco de ruína e se aproveita dela. Olha para o horizonte de tempo com perenidade, otimismo e vantagem.
Origem + época	Aproveita as oportunidades	O investidor que se reconhece, que tem domínio de suas emoções e tem clareza sobre seus princípios e propósito de vida, está preparado para aproveitar as oportunidades do mercado que sempre acontecem, e que muitas vezes aparecem de maneira discreta.
Época + umidade	Desenvolve qualidade	É como lubrificar a máquina do tempo, composta pelo investir seu conhecimento e seus processos bem estabelecidos. Esse fenômeno vai gerar mais qualidade em todo o processo de construção da liberdade financeira.

Ao seguir essa estrutura, você terá a base para uma renda extra. É um modo de pensar a longo prazo e de garantir que lá na frente você terá o que colher além do que está sendo produzido no dia a dia. É uma jornada longa, em que cada passo é importante, mas cuja vista, ao final, é satisfatória e sempre estimula a continuidade do caminho. Portanto, não hesite em começar hoje. Na verdade, se você ainda não faz a semeadura, o melhor é acelerar o passo imediatamente.

#REFLITA

1. Agora, complete a tabela a seguir pensando no seu negócio e no crescimento da sua empresa:

UNIÃO DOS COMPONENTES DO PENTAGRAMA	O QUE ACONTECE NA SEMEADURA	O QUE ACONTECE NO MUNDO DOS INVESTIMENTOS
Umidade + solo	Potencializa processos	
Solo + profundida	Desenvolve raiz forte	
Profundidade + origem	Sobrevive a longo prazo	
Origem + época	Aproveita as oportunidades	
Época + umidade	Desenvolve qualidade	

2. Escolha duas áreas do pentagrama e descreva como será o seu plano de ação para conectar a semente com o dinheiro.

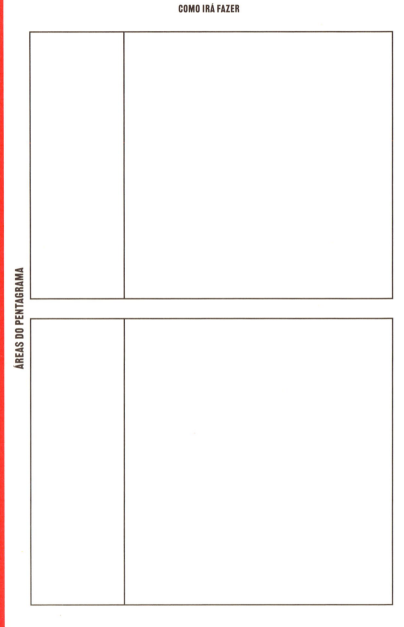

Algo que percebi depois de entender que precisava começar a criar riqueza e implementei a lei da semeadura em minha vida foi que o dinheiro traz um estilo de vida que eu sempre desejei. Ele me deu liberdade.

Existem cinco liberdades, hoje, das quais não abro mão. A primeira é a liberdade física. Preciso ser forte fisicamente, saudável, viver sem dores. Eu gosto de ser uma pessoa bem condicionada, pois isso vai me ajudar a envelhecer com maior qualidade e aproveitar melhor os momentos importantes da vida.

A segunda é a liberdade de tempo. Eu não vendo meu tempo, eu o estou comprando, de modo que eu possa aproveitar momentos longe do trabalho, da maneira como eu quiser.

A terceira liberdade é a geográfica. Gosto de poder trabalhar de onde eu quiser: Grécia, Roma, Sergipe... Isso me dá inúmeras possibilidades e traz riqueza para a minha família.

A quarta liberdade é a emocional. Eu sou capaz de pensar por mim mesmo, a partir de minhas convicções, e tenho capacidade emocional para decidir o que é melhor para mim e para a minha família. Sei muito bem em que acredito, sei quem sou e, acredite, isso faz uma mega diferença.

Por último, a quinta liberdade é a financeira. Me sinto seguro ao saber que possuo um volume de dinheiro que me dá condição de ter a vida que eu sempre quis. Eu aumento o meu patrimônio com a certeza de que o necessário está garantido, e isso é incrível.

Você, assim como eu, pode se tornar uma pessoa livre. Livre de pensamento, de atitude, do seu físico, de dinheiro. O seu trabalho vai trazer todas essas liberdades assim que você começar a implementar o método desta obra. Afinal, o que está aqui foi o que me trouxe essa liberdade, e eu espero que você possa replicar esse conhecimento e manifestá-lo em sua vida.

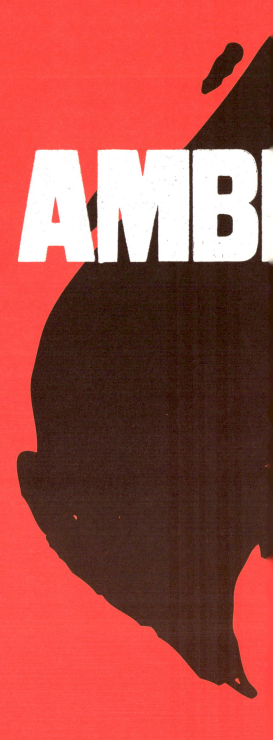

ENTE

O AMBIENTE PARA GRANDES PERSONALIDADES DO MUNDO

Existem seis conceitos a respeito do ambiente, mas antes de falar sobre eles, quero que você se inspire com o que grandes personalidades do mundo já falaram a respeito desse aspecto importante de nossa vida profissional.

A NATUREZA FEZ O HOMEM FELIZ E BOM, MAS A SOCIEDADE DEPRAVA-O E TORNA-O MISERÁVEL.

JEAN-JACQUES ROUSSEAU

O PRAZER NO TRABALHO APERFEIÇOA A OBRA.

ARISTÓTELES

DIFICULDADES E OBSTÁCULOS SÃO FONTES VALIOSAS DE SAÚDE E FORÇA PARA QUALQUER SOCIEDADE.

ALBERT EINSTEIN

O QUE SE FAZ AGORA COM AS CRIANÇAS É O QUE ELAS FARÃO DEPOIS COM A SOCIEDADE.

KARL MANNHEIM

A EDUCAÇÃO É SIMPLESMENTE A ALMA DE UMA SOCIE-
DADE A PASSAR DE UMA GERAÇÃO PARA A OUTRA.

G. K. CHESTERTON

AS MELHORES COISAS E AS MELHORES PESSOAS NAS-
CEM DA DIFERENÇA, SOU CONTRA UMA SOCIEDADE
HOMOGÊNEA PORQUE EU QUERO QUE A NATA SE ELEVE.

ROBERT FROST

O ÚNICO LUGAR ONDE O SUCESSO VEM ANTES DO TRA-
BALHO É NO DICIONÁRIO.

ALBERT EINSTEIN

ESCOLHE UM TRABALHO DE QUE GOSTES E NÃO TERÁS
QUE TRABALHAR NEM UM DIA NA TUA VIDA.

CONFÚCIO

QUE NINGUÉM SE ENGANE, SÓ SE CONSEGUE A SIMPLI-CIDADE ATRAVÉS DE MUITO TRABALHO.

CLARICE LISPECTOR

PARA O TRABALHO QUE GOSTAMOS, LEVANTAMO-NOS CEDO E FAZEMO-LO COM ALEGRIA.

WILLIAM SHAKESPEARE

SUA TAREFA É DESCOBRIR O SEU TRABALHO E, ENTÃO, COM TODO O CORAÇÃO, DEDICAR-SE A ELE.

BUDA

O TRABALHO POUPA-NOS DE TRÊS GRANDES MALES: TÉDIO, VÍCIO E NECESSIDADE.

VOLTAIRE

PENSAR É O TRABALHO MAIS DIFÍCIL QUE EXISTE, TAL-VEZ POR ISSO, TÃO POUCOS SE DEDIQUEM A ELE.

HENRY FORD

QUE O TEU TRABALHO SEJA PERFEITO PARA QUE, MESMO DEPOIS DA TUA MORTE, ELE PERMANEÇA.

LEONARDO DA VINCI

TRANSPORTAI UM PUNHADO DE TERRA TODOS OS DIAS E FAREIS UMA MONTANHA.

CONFÚCIO

COM ORGANIZAÇÃO E TEMPO, ACHA-SE O SEGREDO DE FAZER TUDO E BEM FEITO.

PITÁGORAS

AQUELES QUE NÃO FAZEM NADA ESTÃO SEMPRE DIS-
POSTOS A CRITICAR OS QUE FAZEM ALGO.

OSCAR WILDE

POR VEZES SENTIMOS QUE AQUILO QUE FAZEMOS NÃO É
SENÃO UMA GOTA DE ÁGUA NO MAR, MAS O MAR SERIA
MENOR SE LHE FALTASSE UMA GOTA.

MADRE TERESA DE CALCUTÁ

TRABALHA COMO SE VIVESSES PARA SEMPRE, AMA
COMO SE FOSSES MORRER HOJE.

SÊNECA

PRINCÍPIOS SOBRE O AMBIENTE

Existem alguns princípios que regem a questão do ambiente que são capazes de nos guiar por uma trajetória mais sábia, equilibrada e compassiva em nossa vida. Abaixo, vou apresentar cada um deles e explicar um pouquinho mais sobre como funcionam.

Agora, é importante você ter em mente que o ambiente fecha o ciclo deste livro. Assim como os outros três fatores anteriores, o ambiente está com você a todo momento: enquanto você treina o seu talento, enquanto define o seu propósito, enquanto começa a semear seus ganhos futuros, enquanto muda a sua maneira de pensar e agir profissionalmente.

O ambiente existe; se ele é propício ou não, aí depende de diversos fatores, e um deles é você saber analisar o seu entorno.

Vamos lá?

ÁRVORES FORTES CRESCEM COM VENTOS FORTES

A região sudeste do Brasil tem uma particularidade interessante: ela é acometida por fortes tempestades todos os anos. Outras regiões do país também são testemunhas desses eventos, mas no Sudeste é quase tradição: chega a época de chuvas, fique esperto com as tempestades. Hoje, estou em São Paulo, e aqui, quando você anda pelas ruas após um desses eventos, é comum ver algumas árvores caídas por não terem aguentado os ventos fortes. Mas, mesmo assim, note uma coisa interessante: a cidade é cheia de árvores centenárias, que presenciaram a mudança dos tempos e ainda continuam firmes em seu local de semeadura.

Isso acontece não porque elas são antigas, mas porque são árvores que foram plantadas e se desenvolveram nesse ambiente, em que ventos fortes são comuns e fazem parte do ciclo natural do lugar. Ou seja, para elas, esses ventos são normais, elas se adaptaram àquele ambiente e cresceram preparadas para passar por eles.

Isso se repete com as pessoas, pois quanto mais complexos são os problemas e as situações pelas quais passam, mais capacitadas elas se tornam dentro de determinado meio. O ambiente é como calejar uma parte de si: você vai criando camadas de proteção em determinada área até que fica protegido daquela exposição.

NÃO CONFUNDA COMPETITIVIDADE COM RIVALIDADE

Você precisa ser competitivo, isso é importante, mas não precisa se tornar rival de ninguém. Muita gente confunde isso e acaba criando mais inimizades do que aproveitando as lições que uma competição nos ensina.

Eu, por exemplo, sou amigo do Gustavo Borges, e quando nós competíamos, a disputa era boa, estimulante, enriquecedora. É por isso que temos uma relação saudável até hoje: a competição nunca sobrepujou a nossa amizade.

Entender essa diferença vai permitir que você se torne um competidor saudável, o que vai favorecer muito o seu crescimento dentro de qualquer ambiente. É necessário compreender que as pessoas são usadas para alavancar os seus resultados e não para ser rivais das suas conquistas.

AMBIENTES EXTRAORDINÁRIOS CRIAM PESSOAS EXTRAORDINÁRIAS

Nada cresce em um ambiente infértil. Se você quer ser alguém extraordinário, viva em um ambiente extraordinário. Muitas vezes você não pode mudar de ambiente, mas deve então ser o responsável por mudá-lo.

Estude, busque, aprenda... comece construindo seu ambiente extraordinário criando uma rotina com hábitos de pessoas extraordinárias. Aos poucos, o ambiente vai mudar e, por consequência, vai estimular a mudança em você também.

VOCÊ É FRUTO DO AMBIENTE EM QUE VIVE

Crenças, valores, princípios, educação. Tudo isso formou quem você é hoje, porém se isso vai em desencontro com quem quer ser amanhã, nada disso deve definir você. Você é o fruto do ambiente em que vive, por isso, seus resultados são consequência do ambiente em que cresceu. Mas usar isso como muleta para não se desenvolver é aceitar a condição que definiram para você.

Tudo na sua vida é consequência, cabe a você mudar seus resultados. Usar sua realidade como desculpa irá impedir você de mudar os fatos.

O SUCESSO É TREINÁVEL

Aptidão, talento, dons... nada disso é suficiente sem treino. Você precisa ser um bom aluno, precisa de um bom treinador e também precisa treinar corretamente. O sucesso é como se fosse um músculo que precisa ser exercitado para crescer.

As coisas não acontecem de repente nem se conquista nada "por acaso", o resultado vem com muita energia aplicada no lugar certo e na direção correta.

Eu sei que você já leu isso antes, mas é uma lei. Ter um ambiente que permita que você treine, se desenvolva, trabalhe, é essencial para a sua evolução rumo ao sucesso.

OS HOMENS SÃO BONS, MAS QUANDO COBRADOS SÃO MELHORES

Quem nunca fez uma entrevista de emprego em que o entrevistador perguntou como você lida sob pressão? Aprendemos que a cobrança é ruim, mas não precisa ser assim. Em verdade, não há como fugir das cobranças, elas fazem parte de todo ambiente de crescimento, então você precisa mudar a sua maneira de lidar com elas.

Assim, em vez de se esconder, veja a cobrança como um estímulo, um gatilho para o seu desenvolvimento. Não são todas as pessoas que possuem consciência plena do seu potencial, e muitas vezes é a partir das cobranças que elas acabam alavancando os seus resultados e executando a alta performance.

Um exemplo disso é o velocista jamaicano Usain Bolt. O cara detém três recordes mundiais em corridas e também foi cinco vezes campeão mundial e tricampeão olímpico. Ele é um marco na história das corridas de curta distância, um marco recente, em quem os velocistas atuais se inspiram. Agora, você acha que os novos atletas não são cobrados para superarem a desenvoltura dele? Pra essas pessoas, esse desafio é a motivação diária delas nas pistas, assim como a exigência dos técnicos. A cobrança é uma meta que serve como guia para o que precisamos ultrapassar e deve ser uma inspiração para você crescer.

Visto esses princípios, você agora consegue enxergar como o ambiente impacta diretamente na sua desenvoltura? Quando o ambiente hostiliza uma pessoa, a ameaça, essa pessoa enfraquece, se apaga. Quando o ambiente a estimula, essa pessoa ganha asas.

Assim, mantenha sempre em mente esses seis pontos e analise os seus ambientes familiares e profissionais, veja o que precisa ser ajustado, o que você mesmo pode mudar e o que precisa ser abandonado para proporcionar uma realidade mais adequada ao seu propósito.

AS QUATRO ESFERAS DA SAÚDE

Se realmente está buscando alta performance, só vai encontrá-la quando alinhar o corpo físico com o mental, o emocional e o energético. Por isso é tão importante olhar para quem você é, para poder trabalhar as informações da sua impressão digital de maneira inteligente dentro dessas quatro esferas, além de se tornar uma pessoa saudável para performar adequadamente.

Como professor de Educação Física, aprendi muito sobre performance e sobre o corpo humano, e uma questão muito interessante que aprendo é que tanto o ser humano como os outros animais têm no corpo tipos diferentes de fibras musculares. Quando expostas a distintos gêneros de esforço e de duração, as fibras irão se comportar de modo diferente, indo buscar energia em mecanismos e processos variados.

Senti isso na pele durante minhas tentativas de ir para o Ironman. Em atividades esportivas de longa duração, com intensidade moderada, eu não costumava ter boa performance, pois para realizá-las eu precisava de resistência, mas sempre fui nadador de velocidade, de alto impacto em curto espaço de tempo. Então, quando decidi treinar para o Ironman, que é a maior prova de *endurance* (atividades de resistência) do mundo, foi – e está sendo – muito difícil.

Existem dois tipos de fibras, as brancas e as vermelhas. As fibras musculares vermelhas usam a gordura como fonte de energia e em exercícios de queima de gordura são precisamente essas as engajadas no trabalho. Já as fibras musculares brancas são importantes para cargas de força e são elas as responsáveis pela hipertrofia muscular.

Tenho fibras musculares de contração rápida, então em uma prova de natação de 50 e 100 metros, que dura 20 segundos, 40 segundos, na força máxima, eu tenho muita força, mas para treinamentos de longa duração, de resistência, eu sofro mais. Até hoje isso é reflexo do sucesso dos meus treinamentos como nadador.

Quando fiz um teste de DNA, descobri que tenho fibras mistas. Essas se dividem em dois tipos: rápidas e lentas. O treino de força e a corrida em estilo *sprint* (rápidas e percursos curtos) envolvem as fibras de contração rápidas e requer glicogênio. Já os exercícios prolongados de cardio envolvem as fibras de contração lenta, que necessitam de gordura para ir buscar energia. Ou seja, o tipo de fibra varia com o tipo de exercício, e é por isso que você pode se desenvolver melhor em uma atividade do que na outra.

O interessante é que você consegue melhorar esse quadro. Isso depende de treino e mudança de ambiente. Veja, ao alterar todo o seu estilo de vida, você é capaz de performar em outras modalidades, pois vai adaptar o seu corpo a outro tipo de esforço, de costumes, de rotina. Tudo é definido pelo objetivo que você escolher, basta entrar em ação de maneira inteligente.

Claro, é um processo que dói, demanda tempo e constância. Não foi da primeira vez que eu tentei correr que consegui cobrir uma boa quantidade de quilômetros como faço hoje. Mas o trabalho desenvolve, e você sempre irá colher o que plantou como um jardineiro e manipulou como um carpinteiro. Nunca se esqueça disso!

QUADRO DO AMBIENTE DO CRESCIMENTO

O ambiente é um fator determinante no processo de construção de um resultado consolidado e que se mantém firme no tempo. Esse processo está conectado à relação do Eu com o Nós.

Existe uma relação entre o Eu e o Nós, interno e externo. No quadro abaixo você pode verificar como essas ligações funcionam e o que elas produzem em sua vida. A partir disso, você vai ter a exata noção se está em um ambiente de crescimento ideal para você.

RELAÇÃO		PRODUZ	ALINHAMENTO
EU INTERNO	NÓS INTERNO	SINERGIA	IDENTIDADE
EU INTERNO	EU EXTERNO	RESPONSABILIDADE	PESSOAL
EU EXTERNO	NÓS EXTERNO	INTEGRIDADE	ATITUDE
NÓS EXTERNO	NÓS INTERNO	COERÊNCIA	PILARES
EU INTERNO	NÓS EXTERNO	ADERÊNCIA	VALOR
EU EXTERNO	NÓS INTERNO	CONSISTÊNCIA	INTENÇÃO

É no ambiente de crescimento adequado que você vai desenvolver o seu DNA, os seus atributos e as suas virtudes. É no ambiente de crescimento que você vai fazer seus resultados acontecerem.

Ao tomar consciência dessa importância, agora você precisa começar a observar o seu ambiente e se perguntar se existe sinergia entre o que você deseja realizar e o que está vivenciando neste momento.

O lugar em que trabalha, onde está colocando o seu talento, aplicando o seu propósito definido para gerar patrimônio em riqueza, é um ambiente de crescimento?

Os seus atos correspondem aos seus pensamentos? Você confirma os seus pensamentos com atitudes? O seu time age de maneira coletiva?

Isso é essencial!

Você precisa saber o que está faltando. Pergunte-se: está faltando o quê? Decidi onde estou? Qual é o meu momento? Preste atenção! Se você não tem diligência hoje, precisa tomar uma decisão agora! Todo este livro foi desenvolvido para que você adquira um olhar claro e certeiro sobre como poderá treinar o seu talento, definir o seu propósito, criar o seu dinheiro e modificar o seu ambiente para garantir um sistema de sucesso em sua vida. Portanto, olhe ao redor e mude o que for preciso hoje mesmo.

#REFLITA

1. Preencha o gráfico abaixo e faça uma análise de como está o seu relacionamento entre o Eu e o Nós, interno e externo. Observe o que pode melhorar, o que precisa ser abandonado e o que está saudável para o seu crescimento.

	CULTURA E COMPETITIVIDADE		SIM	NÃO
SINERGIA	Identidade	Temos os mesmos princípios, valores, DNA? Acreditamos nas mesmas coisas? Que coisas são essas?		
RESPONSABILIDADE	Pessoal	Os meus atos correspondem aos nossos pensamentos? Eu confirmo nossos pensamentos com as minhas atitudes?		
INTEGRIDADE	Atitude	Os nossos atos correspondem aos nossos pensamentos? A gente confirma nossos pensamentos com as nossas atitudes?		
COERÊNCIA	Pilares	O que nós falamos que fazem nossos pilares essenciais é o que realmente parecem/dizem ser?		
ADERÊNCIA	Valor	A maneira como pensamos e agimos faz com que as pessoas não queiram sair? Aliás, faz com que mais pessoas queiram entrar?		
CONSISTÊNCIA	Intenção	Meu comportamento é sólido e consciente e está de acordo com os combinados internos que fazemos?		

SEJA UM PROFISSIONAL DE ALTA PERFORMANCE, VIVA UMA VIDA PLENA

O grande objetivo deste material foi mostrar como é possível atingir o seu potencial máximo para semear um futuro de sucesso para a sua carreira e, por consequência, para sua vida. Como tudo nela, nada é linear, mas sim ciclos que trabalham em conjunto e resultam no que você colhe em seu futuro.

Aqui, mostrei como as suas decisões influenciam diretamente no seu destino, e como você pode usar quatro áreas em prol do seu crescimento.

Talento, propósito, dinheiro, ambiente. Essa é a roda que movimenta suas conquistas, que são capazes de tornar você uma pessoa acima da média e entregar resultados até então inalcançáveis.

Ao unir essas pontas, você vai experimentar uma vida com sentido e, para ajudar você nessa jornada, quero deixar uma maneira de dar o primeiro passo para vivenciar a realidade desejada.

Agora, vamos fazer um mapa baseado nos 5Ds da máxima performance. São eles:

1. **DECISÃO:** o ato de decidir mudar uma área de sua vida;

2. **DIREÇÃO:** entender o que é preciso fazer para concretizar essa mudança;

3. **DISCIPLINA:** a prática para alcançar aquilo que você deseja;

4. **DILIGÊNCIA:** é a velocidade e o zelo na aplicação da mudança.

5. **DOMÍNIO:** quando você finalmente conquista o domínio do que estava desenvolvendo.

No mapa a seguir, você poderá preencher o estágio em que está neste momento de sua vida em cada uma das quatro áreas. Por exemplo, se você já faz uso inteligente de seu dinheiro, mas ainda está aprendendo a investir, você pode marcar que está em Direção nessa área.

Replique este mapa mensalmente e atualize as etapas em que você se encontra para calcular o seu progresso. O importante aqui é se manter em movimento, sempre aprimorando o que está desenvolvendo.

Lembre-se: o segredo para o sucesso é o treino, é a ação.

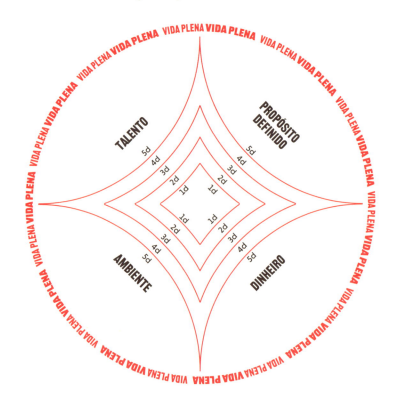

O VALOR INCALCULÁVEL DO SUCESSO

Coloquei nesta obra uma metodologia que vivo diariamente. Foi ela que me trouxe ao status que obtive hoje, que me possibilitou ser um homem livre em todas as áreas de minha vida e que me tornou um treinador de pessoas. O sucesso em alcançar essa liberdade é de um valor incalculável, pois estou colhendo diariamente o que plantei ao longo de muitos anos de disciplina, decisão e diligência.

Para construir este material, empreguei três forças que você também pode replicar em seus projetos:

Como professor e treinador, eu não poderia deixar de beber nas principais fontes de informação, que me trouxeram muita riqueza para desenvolver essa metodologia. Também assumi o compromisso de entregar para você um material sério, efetivo, que já foi testado e comprovado por centenas de pessoas em meus treinamentos, além de mim mesmo, claro. Juntei tudo isso com muita energia e dedicação para criar uma maneira de tornar tudo isso aplicável. A minha combustão, o tempo todo, foi entregar o meu melhor.

Agora, chegou o momento de entregar tudo isso em suas mãos. Eu acredito em você, sei que tem toda a capacidade, disposição e energia para dar um salto em sua carreira, em sua vida. Basta aplicar hoje o que você aprendeu aqui nesta leitura, e treinar sempre, mantendo a mente de um aprendiz.

O conhecimento aqui adquirido, quando posto em prática, vai ajudar muito a sua jornada, vai fortificar as suas decisões e iluminar o caminho. Afinal, você agora vai conquistar a alta performance, vai se tornar um profissional de primeira linha e vai permanecer no topo por muito tempo.

E sabe o mais legal? Você pode retornar para esta leitura sempre que desejar. Pode revisitar as principais lições, refazer os exercícios e recalcular a sua rota quantas vezes achar necessário. Este material estará sempre disponível para dar o suporte que você precisa, assim como eu em outros canais.

Agradeço imensamente por ter me acompanhado nesta leitura e quero ouvir de você como está sendo o processo. Então me mande uma mensagem no **@joeljota**, me marque em suas postagens. Afinal, se você está evoluindo, é importante compartilhar com o mundo.

Agora é a sua vez de brilhar no pódio. Já começou? Está esperando o que, meu irmão?

Bem-vindo ao time dos campeões!

Este livro foi impresso pela Gráfica Rettec
em papel pólen bold 90g em outubro de 2021.